Die Geschichte von Taizé

W0011430

Jean-Claude Escaffit
Moïz Rasiwala

Die Geschichte von
Taizé

EDITION TAIZÉ  **HERDER**

Titel der Originalausgabe:
Histoire de Taizé
© Éditions du Seuil, 2008

Übersetzung: Max Söller

© Verlag Herder GmbH, Freiburg im Breisgau 2009
Alle Rechte vorbehalten
www.herder.de

Umschlaggestaltung: Finken & Bumiller
Umschlagmotiv: © Sabine Leutenegger, CH-Wil
Bilder im Innenteil:
Seite 45, 219, 220 © Sabine Leutenegger, CH-Wil
Alle anderen Archiv Herder / privat / Taizé

Satz: Weiß-Freiburg GmbH – Graphik & Buchgestaltung
Herstellung: fgb · freiburger graphische betriebe
www.fgb.de

Gedruckt auf umweltfreundlichem,
chlorfrei gebleichtem Papier
Printed in Germany

ISBN 978-3-451-29959-9

Inhalt

Einleitung

Brückenbauer

Was konnte einen 25-Jährigen im Sommer 1940 dazu verleiten, mit dem Fahrrad die Grenze seiner ruhigen Schweizer Heimat zu überqueren? Warum strampelte er mitten in einem aufgewühlten Europa mit so viel Eifer in das besetzte, geteilte Frankreich hinein? Er wollte in Burgund ein Haus erwerben, das gleich neben der Demarkationslinie lag. Wie seltsam!

Noch seltsamer: Der junge Mann ist ein zukünftiger Schweizer Pfarrer, der eine monastisch geprägte Gemeinschaft von Brüdern in eine antiklerikal gestimmte Gegend einpflanzen will, an der Grenze seines Landes und vor allem der Tradition seiner reformierten Kirche. Das wirft viele Fragen auf. Während des Krieges wird er Menschen helfen, aus der besetzten in die freie Zone Frankreichs zu gelangen. Er wird sein ganzes Leben lang andere Menschen über die Grenzen von Völkern, Religionen, Kulturen und Generationen geleiten.

Und noch erstaunlicher ist es, dass hier Jahre später eine Handvoll schwer einzuordnender Brüder einer stets wachsenden bunten Menge Jugendlicher begegnet. Gibt es in Frankreich und in Europa einen anderen Ort, der beständig so viele Jugendliche aus allen Ländern und jeglicher Herkunft anzieht? Die Generationen wechseln, aber die Bilder gleichen sich: Bilder einer fröhlichen, lebhaften Jugend, die sich auf dem Hügel mit einem christlichen Sprachengewirr verständigt und zu einer beeindruckenden Stille findet, sobald die Glocken zum Gebet rufen. Wovon träumen heute die Kinder und Enkel der Pioniere der vierziger Jahre? Sie hängen mit derselben Treue an diesem geisterfüllten Ort, gehen in der geheimnisvollen Spur einer reichen und bewegten Geschichte weiter.

Von Anfang an ist Taizé ein Ort, an dem Menschen Halt machen. Es hat eine Randlage. Unsere Kinder, die zu einem Aufenthalt dort waren, haben sich nicht geirrt: Nach Taizé zu fahren heißt für alle, auch für Franzosen, ins Ausland zu kommen – in ein Gebiet, in dem alle möglichen Sprachen gesprochen werden. Sie erzählen recht frisch über dieses schwer zu fassende Anderswo, an dem man sich zuhause fühlt und doch den Eindruck hat, in der Fremde zu sein. Selbst Französisch, gemeinsame Sprache der Brüder der Communauté, wird dort mit einem besonderen Akzent gesprochen, mit helvetischem Unterton.

Taizé liegt an sämtlichen Grenzen. Zunächst geographisch, unweit der Schweiz, etwas weiter von Italien und Deutschland entfernt. Die topographische Lage des Dorfes mit ein paar Dutzend Einwohnern hat sein Geschick geprägt. Es ist bestimmt kein Zufall, dass Roger Schutz-Marsauche sich ganz bewusst in dieser Gemeinde im Departement Saône-et-Loire niedergelassen hat, zehn Kilometer entfernt von der Benediktinerabtei Cluny.

Die Berufung von Taizé wie die ihres Gründers, der sich Frère Roger nannte, bestand und besteht darin, an Grenzen zu stehen, sie zu überschreiten, zu überbrücken. Zwischen Nationen, Konfessionen, Kulturen und Generationen, zwischen Nord und Süd, Ost und West … mit dem Risiko, manchmal nicht verstanden zu werden. Die französische Philosophin Marguerite Lena merkt zu recht an: „Roger, der Hinüberbringer" teilte mit einem 1996 in Westalgerien ermordeten Bischof, der sich dem christlich-islamischen Dialog verschrieben hatte, die Überzeugung, dass ein Christ auf den Bruchlinien der Welt zu stehen habe. Neun Jahre später ereilte den Apostel der Versöhnung in Taizé dasselbe tragische Geschick wie den Bischof: Am 16. August 2005 brach er während des Abendgebets unter den Messerstichen einer geisteskranken Frau zusammen. Eben war ein Lobpsalm angestimmt worden, gleich darauf wurden die Seligpreisungen verlesen.

Menschen und Ideen miteinander zu versöhnen, Brücken zu bauen und dabei ein Zeichen des Widerspruchs zu sein, darin besteht die Berufung dieser ökumenischen Gemeinschaft von Brüdern. Eine Berufung, die Roger schon in jungen Jahren intuitiv ahnte. Sie spricht auch aus den widersprüchlichen Begriffen, die er in seinen Schriften zu verbinden pflegte: Kampf und Kontemplation, die Gewalt der Friedfertigen, die Dynamik des Vorläufigen, der Aufbruch ins Ungeahnte, Verwurzelung und universale Offenheit, Einmütigkeit und Pluralismus.

Die dialektische Berufung von Taizé scheint bereits in der Familiengeschichte ihres Gründers auf. Oft kommt er auf seine Großmutter zu sprechen, die am Ursprung seiner ganz eigenen Vorstellung von Versöhnung steht. Aber auch an den Bruchstellen der Geschichte, am erstaunlichen Unverständnis angesichts mancher Vorfälle, an prägenden Begegnungen wie am intellektuellen Umfeld des jungen Pfarrers, der drei Päpsten zum Freund wurde, verstärkt sich die Intuition.

Wir werden versuchen, sie in diesem Buch aufzu-
schlüsseln. Freilich erhebt es nicht den Anspruch, eine
erschöpfende Geschichte dieser so besonderen Gemeinschaft von etwa hundert Brüdern aus dreißig Nationen zu
schreiben, welche die religiösen Wegmarken der zweiten
Hälfte des 20. Jahrhunderts nachhaltig verschoben hat.
Es geht eher darum, ihre Rolle in der Zeitgeschichte zu
begreifen und die großen Etappen ihres Weges nachzu-
zeichnen. Jedes Kapitel beleuchtet ein Jahrzehnt – oder
zumindest einige Jahre – und stellt eine Intuition, eine
Entscheidung sowie ein Bündel von Ereignissen heraus,
die nicht nur den betroffenen Zeitabschnitt prägen, sondern für die Zukunft, den Einfluss und die Ausstrahlung
der „Brückenbauer-Mönche" entscheidend wurden.

1

Roger: Ein grenzüberschreitendes Erbe

Eines Tages im Jahre 1920 macht Roger Schutz-Marsauche zusammen mit seinen sieben Schwestern (er war der Jüngste von neun Geschwistern) einen Ausflug. Sie überqueren mit dem Schiff den Neuenburger See und gelangen in den Kanton Fribourg, eine traditionell katholische Schweizer Gegend. Der Fünfjährige betritt zum ersten Mal in seinem Leben eine katholische Kirche und ist beeindruckt: „Darin war es schon ganz dämmerig. Das Licht vor dem Tabernakel, das zugleich das Bild der Gottesmutter beleuchtete, ist mir als unverrückbares Bild im Gedächtnis geblieben", notiert er Jahrzehnte später in sein Tagebuch „Ein Fest ohne Ende". Man kann sich ausmalen, mit welchem Staunen der kleine Protestant, der die Kargheit seiner reformierten Dorfkirche im Schweizer Jura gewohnt war, die „geheimnisvolle" Atmosphäre einer katholischen Kirche entdeckte.

Zu dieser Zeit wissen die verschiedenen Konfessionen kaum etwas voneinander. Wenn es mit den Eltern zum Sonntagsgottesdienst geht, versteht das Kind nicht, warum auf der gegenüberliegenden Straßenseite andere Christen zu ihrem Gottesdienst in die entgegengesetzte Richtung laufen. Einige Jahre später wiederholt sich die im Kanton Fribourg gemachte Erfahrung. Während eines Besuches bei seinem Onkel in Besançon steht Roger eines Sonntags zur Frühmesse auf. Nach seiner Rückkehr wagt er der Familie nicht zu sagen, wo er war.

Die Familie Schutz-Marsauche: Roger, der jüngste, steht vor seiner Mutter.

Mutter, Vater ... und Großmutter

Sein Vater Charles ist ein Pfarrer, der emsig die Bibel studiert, seine Mutter außerordentlich aufgeschlossen für die verschiedenen geistlichen Strömungen im Protestantismus. Der Glaube der Mutter und ihre Großzügigkeit wecken beim Sohn aufrichtige Verehrung. Als er zwölf Jahre alt ist, zieht die Familie um, weil Charles Schutz die Kirchengemeinde wechselt. Für die weitere Schulausbildung müssen die Eltern Roger bei einer Familie in Pension geben. Sie entscheiden sich für eine wenig begüterte Witwe. Dass sie katholisch ist, fällt für sie nicht ins Gewicht. Die langen Gespräche mit Madame Bioley-Delacoste und ihr tiefer Glaube werden den jungen Roger fürs Leben prägen.

Ebenso bewundert er auch seine Großmutter mütterlicherseits, Marie-Louise Marsauche, eine unerhört aufgeschlossene Frau. Oft kommt er später auf sie zu sprechen. Während des Ersten Weltkriegs hatte sie in Nordfrankreich Flüchtlinge beherbergt. Unter dem Schock des verabscheuungswürdigen Konflikts zwischen christlich geprägten Völkern geht sie 1918 zum Gebet in eine katholische Kirche, um ein Zeichen der Versöhnung zu setzen. Über seine weitsichtige Großmutter schreibt Frère Roger später in sein Tagebuch „Blühen wird deine Wüste": „Es war das Wunder ihres Lebens, dass sie, als sie in sich selbst die Glaubensströmung ihres Ursprungs mit dem katholischen Glauben versöhnte, Wege fand, ihrer Familie gegenüber kein Symbol der Ableugnung zu sein (...) die Intuition meiner Großmutter muss mir von Kindheit an eine katholische Seele gegeben haben."

Der Einfluss von Port-Royal

Bei den Schutz wurde oft im Kreis der Familie laut vorgelesen. Während der Sommerferien rief Rogers Mutter die Kinder zusammen und las ihnen die Geschichte von Angélique Arnauld vor, der Äbtissin von Port-Royal-des-Champs, die das Leben in ihrem Kloster reformiert hatte. Der Bericht über diese katholische Gemeinschaft im Frankreich des 17. Jahrhunderts, der auch der Literat und Philosoph Blaise Pascal nahe stand, berührte Roger tief. „Wenn einige wenige Frauen, die auf eine gemeinsame Berufung eine klare Antwort gaben und ihr Leben um Christi willen hingaben, das Evangelium so stark ausstrahlen konnten, warum sollte dies nicht auch eini-

gen Männern möglich sein, die sich in einer Gemeinschaft vereinen?", fragte er sich mit etwa 16 Jahren.

Rogers Jugend verläuft nicht ganz so unbeschwert,
wie er es 1974 einem Journalisten gegenüber äußerte.
Sein Vater ist anspruchsvoll
und streng. An einem Tag im
Winter 1931 erkältet sich Roger
schwer. Eine Lungentuber-

Roger, fünf Jahre alt, mit
einer Tante und seiner
Schwester Geneviève

17

kulose hindert ihn daran, die Schulausbildung geregelt fortzusetzen und sich auf das Abitur vorzubereiten. Unter den Anweisungen eines Vaters, der ihn für nicht besonders begabt hält, ist er gezwungen, zuhause zu lernen. Dann führt ein Rückfall zu düsteren Prognosen. Seine Eltern wollen ihn im Kreis der Familie behalten und schlagen den ärztlichen Rat aus, ihn in ein Sanatorium in den Bergen zu bringen. Eine Zeit der Ungewissheit und vieler Fragen, die für seine Berufung entscheidend wird: „Die Jahre der Krankheit ließen mich begreifen, dass die Quelle des Glücks weder in aufsehenerregenden Gaben noch in mühelosem Gelingen liegt, sondern in der schlichten Hingabe, ja, der ganz schlichten Selbsthingabe, um die anderen mit Herzensgüte zu verstehen.

Allmählich verstand ich, dass selbst aus einer beeinträchtigten Kindheit oder Jugend frische Kräfte erwachsen können", notiert er in seinen letzten Lebensjahren im Buch „Gott kann nur lieben".

„Du wirst Pfarrer, mein Sohn"

Auf langen, einsamen Spaziergängen über Land stößt er sich an einem unüberwindlichen Widerspruch: Warum sind die Christen, die sich alle auf einen Gott der Liebe berufen, so gespalten, so aufgebracht gegeneinander? Allmählich kommt er zu der Gewissheit, dass es ein Zeichen der Versöhnung sein könnte, zusammen mit Männern, die ihr ganzes Leben einsetzen, eine Communauté ins Leben zu rufen. Nachdem er von seiner Krankheit genesen ist, zieht er sich alleine zu einer Rüstzeit in die Alpen zurück, in die Kartause La Valsainte. Der Aufenthalt in einem katholischen Kloster ist eine wichtige Etappe auf seiner Suche. Es gefällt ihm dort so gut, dass seine Eltern befürchten, er käme nicht mehr zurück.

Nach dieser Erfahrung will er sich der Literatur, der Poesie widmen. Sein Vater zwingt ihn aber dazu, ein Theologiestudium zu beginnen. „Ich lehnte mich nicht auf, wir waren so erzogen", meint Roger später. Also studiert er von 1936 bis 1940 in Lausanne und Straßburg und wird Pfarrer.

Reformierte Studenten für den Frieden

1939 hallt Europa vom Lärm der Soldatenstiefel wider. Auf der Liste der 5000 Teilnehmer an der christlichen Jugendkonferenz von Amsterdam im selben Jahr ist Rogers Name unter der Schweizer Delegation verzeichnet. Diese Versammlung ist aus den Erweckungsbewegungen des 19. Jahrhunderts hervorgegangen, die sich in den evangelischen Kirchen zu einer beeindruckenden Zahl von Missions- und Bibelgesellschaften entwickelt hatten. Ihre Mitglieder verschrieben sich Christus mit einer lebendigen, verinnerlichten Frömmigkeit, ohne sich institutionell zusammenzuschließen. Der Krieg ist bereits ausgebrochen, als in der Eröffnungsrede der Konferenz ein entscheidender Satz fällt: „Die Nationen und Völker der Welt trennen sich immer mehr, die Kirchen nähern sich immer weiter an."

Verwurzelt in der evangelischen Erneuerung

Das einzigartige Abenteuer von Taizé wurzelt zu einem großen Teil im Charisma und im kühnen Glauben seines Gründers. Es entspringt aber auch einer profanen und geistlichen Geschichte, die Grenzen überschreitet, und einem gleichzeitig familiären, intellektuellen und kirchlichen Erbe.

Es liegt insbesondere auf der Linie einer evangelischen Erneuerung, die im 19. Jahrhundert begonnen hat, und der entstehenden ökumenischen Bewegung des 20. Jahrhunderts. Dabei kommt es zunächst zu einer Annäherung unter den evangelischen Kirchen. Im 20. Jahrhundert dehnt sich die Bewegung auf die anderen Konfessionen aus, auf die katholische, die anglikanische und die orthodoxe. Das damit verbundene kirchliche und geistliche Klima konnte auf einen Mann, der für die intellektuelle Aufgeschlossenheit seiner Zeit ausgesprochen empfänglich war, nicht ohne Einfluss bleiben.

Im Gegenzug zu einer Strömung evangelischer Theologie des 19. Jahrhunderts, die zu rational und trocken angelegt war, machen sich die Erweckungsbewegungen des vorhergehenden Jahrhunderts verstärkt bemerkbar. Sie greifen das pietistische Erbe der Herzensumkehr auf und erneuern damit den französischen Protestantismus, der durch die Verfolgungen vorausgehender Jahrhunderte schwer getroffen war. Seine hervorragenden Vertreter sind Frédéric Monod (1794–1863) und sein Bruder Adolphe (1802–1856), beide bekannte Prediger. 1831 wird die Genfer Evangelische Gesellschaft gegründet, die eine eigene theologische Fakultät unterhält. Der Pietismus wiederum ging aus dem anglikanischen Puritanismus hervor, der für eine Rückkehr der Kirchen an ihre Ursprünge eintrat. Sollte in diesem Zusammenhang das Manuskript „Vom Lauf einer puritanischen Kindheit" entstanden sein, mit dem Roger 1936 nach Paris reist, um es einem angesehenen Verlag anzubieten? Der Verlag lehnt es ab, weil sich der Autor weigert, den Schluss umzuschreiben. Roger hatte es während seiner langwierigen Krankheit verfasst und später leider vernichtet.

Es ist anzunehmen, dass aufgeschlossene Theologen und Philosophen des 19. und 20. Jahrhunderts das Bewusstsein oder auch das Unterbewusstsein des jungen Roger prägen, der leidenschaftlich an den „Quellen des Glaubens" hängt. Er kommt allerdings kaum darauf zu sprechen, und es ist möglich, dass diese Denker seinen Weg weniger beeinflusst haben als beispielsweise die Geschichte von Port-Royal. Dennoch kann man ihn als einen Erben jener evangelischen und katholischen Visionäre betrachten, die bedeutende Vorläufer der modernen ökumenischen Bewegung gewesen sind.

In der Schule früher Vorläufer

Von einem von ihnen, dem dänischen Philosophen und Pfarrer Nicolai Grundtvig (1783–1873), stammt das erstaunliche Wort: „Ich stieß auf die Wahrheit, dass wir die Kirche nicht in den Schriften, sondern die Schriften

in der Kirche finden." Grundtvig leitet eine zweifache
Wende ein: Er verhilft der evangelisch-lutherischen Kirche
zu einer Sichtweise, die über das „allein die Schrift"
hinausgeht, ohne den zentralen Stellenwert der Bibel in
frage zu stellen. In gleicher Weise versucht der dänische
Philosoph Sören Kierkegaard (1813–1855) den durch die
Reformation erfolgten Bruch zu überwinden, indem er
daran erinnert, dass die „Werke der Liebe" im Christentum
ausschlaggebende Bedeutung haben. Und diese
Liebe Christi ist ihm zufolge ebenso im Katholizismus
wie im Protestantismus gegeben.

In Deutschland, diesmal auf der katholischen Seite,
begründet der Tübinger Professor Johann Adam Möhler
(1796–1838) eine ökumenische Theologie, deren Einfluss
bis zum Zweiten Vatikanischen Konzil reicht. Er
schlägt eine Definition von Kirche vor, bei der diese
nicht juristisch, sondern als lebendiger, vom Geist beseelter
Organismus bestimmt wird. Liegt das dem Denken
des Gründers von Taizé so fern? Auf jeden Fall ist
Möhler eine wichtige Inspirationsquelle für die großen
Konstitutionen des Zweiten Vatikanums, insbesondere
für die Kirchenkonstitution „Lumen Gentium". Vielleicht
kannte Frère Roger, der als Beobachter am Konzil
teilnahm, Möhlers 1825 veröffentlichtes Buch „Die Einheit
in der Kirche".

Auch die anglikanische Kirche wird von neuen Strömungen
durchzogen. Im 19. Jahrhundert entstehen viele
neue Gemeinschaften, die sich oft an katholischen Kongregationen
orientieren, 1845 zunächst eine Frauengemeinschaft
in London und 20 Jahre später in Oxford

eine Gemeinschaft von Männern. Zu letzterer gehört der spätere Lord Halifax, der Papst Leo XIII. nahestehen wird. Zwischen 1845 und 1900 kommt es zu nicht weniger als 40 anglikanischen Gründungen. Frère Roger wird später einige von ihnen besuchen.

Es gilt, weitere nicht zu vernachlässigende Quellen der Berufung Rogers zu nennen: die Kirchenväter der ersten Jahrhunderte, über die er 1942/1943 seine theologische Abschlussarbeit anfertigt, und die russische Orthodoxie, zu der er eine tiefe Liebe hegt. „Während des Ersten Weltkrieges mussten Russen aus ihrem Land fliehen. Es waren orthodoxe Christen. Meine Mutter lud manche von ihnen ein, und ich hörte bei den Gesprächen zu. Hinterher erzählte sie mir von der Drangsal, die sie durchgemacht hatten. Später, in meiner Jugend, wohnten wir in der Nähe einer russisch-orthodoxen Kirche; wir besuchten sie und nahmen an Gottesdiensten teil, hörten die klangvollen Gesänge, und ich versuchte, das Leid auf den Gesichtern jener aus Russland gekommenen Christen zu lesen", schreibt er in seinem Werk „Gott kann nur lieben".

So wirkte auf den jungen Roger das Erbe der großen christlichen Konfessionen ein, bei denen er, wenn auch oft nur von den Rändern her, spürbare Veränderungen wahrnahm – angefangen bei seiner eigenen, der evangelisch-reformierten Kirche. Jene noch zaghaften Entwicklungen waren die ersten Grundlagen, auf denen der Prior von Taizé Brücken bauen konnte.

2

An den Quellen neuen mönchischen Lebens

Die erste Hälfte des 20. Jahrhunderts lastet mit zwei Weltkriegen schwer auf den betroffenen Generationen. Dass Christen einander in den Schützengräben des Ersten Weltkriegs abschlachten, dass viele von ihnen angesichts der Nazi-Barbarei während des Zweiten Weltkriegs schweigen, wühlt manches dem Evangelium verpflichtete Gewissen auf. Der Zweite Weltkrieg erschüttert die reformatorischen Kirchen zutiefst: Wie kann man vor einem so unerhörten Niedergang bestehen, ohne sich radikal dafür zu entscheiden, für die Nachfolge Jesu alles zu verlassen? Wie kann man auf einschneidende Weise Buße tun durch neue Formen persönlichen Zeugnisses und Engagements? Protestanten beginnen, Wege der Versöhnung auszuloten in einem gemeinschaftlichen Leben aus Gebet und Kontemplation.

Luther und danach Calvin hatten die monastische Lebensweise von ihrer Theologie der Werke und der Gnade her infrage gestellt. Sie sahen die Mönche in der Versuchung, das Heil durch Disziplin und Askese erwerben zu wollen. Seit dem 16. Jahrhundert gab es deshalb im Protestantismus keine Ordensgemeinschaften mehr. Die Begründer der Reformation hatten aber nicht das Mönchtum an sich, sondern seine Auswüchse abgelehnt. Im 20. Jahrhundert denken nun hie und da in den evangelischen Kirchen Männer und Frauen wieder an ein gemeinschaftliches Leben, das dem Evangelium nicht entgegensteht. Auch Roger macht sich darüber Gedanken.

Von den „Diakonissen von Reuilly" zu den „Veilleurs"

Die Vorläufer sind abermals Frauen. In Frankreich, Deutschland und der Schweiz blühen in der zweiten Hälfte des 19. Jahrhunderts Diakonissengemeinschaften auf. 1841 entsteht eine solche „Gruppe von Reuilly" in Paris. Die Schwestern legen allerdings noch keine ewige Profess ab, weil dies nicht mit der evangelischen Vorstellung von der unbedingten Freiheit der Person vor Gott zu vereinbaren sei. Erst unter dem Schock des Zweiten Weltkriegs verpflichten sich die Diakonissen zu einem kontemplativen Leben und geben sich eine eigene Regel.

Ein anderes Beispiel ist der Dritte Orden der „Veilleurs" (Wächter), den der evangelische Pfarrer Wilfred Monod 1929 ins Leben ruft und der bei der Gründung protestantischer Gemeinschaften eine wichtige Rolle spielt. Auch die spätere „Regel von Taizé" übernimmt ihren geistlichen Grundton von den „Veilleurs": „Lass dich durchdringen vom Geist der Seligpreisungen: Freude, Einfachheit, Barmherzigkeit." In den besonderen Gegebenheiten Nazi-Deutschlands legt Dietrich Bonhoeffer seinen Studenten am Predigerseminar der Bekennenden Kirche in Finkenwalde ein gemeinsames Leben nahe, das auf einer Spiritualität beruht, welche die Barbarei ablehnt.

Gründungen nach dem Zweiten Weltkrieg

In den dreißiger Jahren wollen evangelisch-reformierte Christen in der Westschweiz einen Ort für Einkehr und Rüstzeiten einrichten. Hierzu ziehen einige Frauen nach Grandchamp in der Nähe von Neuenburg. Dort entsteht unter der Leitung einer Frau namens Mère Geneviève eine Gemeinschaft, deren Mitglieder 1952 den Entschluss fassen, sich lebenslang zu binden und die damalige Fassung der „Regel von Taizé" zu übernehmen. Auf ähnliche Weise entsteht eine Schwesterngemeinschaft in Südfrankreich. Im mitteldeutschen Imshausen begründet die Schwester des Widerstandskämpfers Adam von Trott ein diakonisches Werk, das sich um verlassene Kinder kümmert. Die Mitglieder dieser Gemeinschaft legen 1955 lebenslange Gelübde ab. Diese Blüte von Gründungen nach dem Krieg verändert fühlbar die Landschaft der evangelischen Kirchen. Die Gemeinschaft von Taizé hat damals schon ihre ersten, von einer wesentlich weiter gehenden Erneuerung geprägten Schritte hinter sich, bleibt aber auf Tuchfühlung mit diesen Entwicklungen. Solche aufgeschlossenen Kreise bleiben freilich Minderheiten in einem Umfeld, das sich einem gemeinschaftlichen Leben ohne Abstriche widersetzt.

Studium und zu Kriegsbeginn nach Taizé

Als Student hat sich Roger in langen einsamen Jahren reiflich Gedanken über das gemeinschaftliche Leben gemacht. Nach zwei Jahren Studium in Lausanne beginnt er 1938 sein drittes Jahr in Straßburg und kehrt dann wieder nach Lausanne zurück. In der elsässischen

Hauptstadt unterhält er sich oft mit dem Geschichts-
wissenschaftler Henri Strohl, der über die Entwicklung
Luthers bis 1515 gearbeitet hat, über das Leben des Re-
formators vor dem Bruch im 16. Jahrhundert. Zu seinem
eigenen Erstaunen wird er in Lausanne zum Vorsitzenden des Christlichen Studentenbundes gewählt. Während des letzten Studienjahres versammelt er regelmäßig eine Gruppe junger Leute, um „über den Glauben
nachzudenken". Die Motiviertesten unter ihnen schließen sich zu der von ihm sogenannten „Grande Communauté" zusammen. Er organisiert Kolloquien und
Exerzitien, wobei ihm bereits eine fest niedergelassene
Gemeinschaft vorschwebt.

1939 bricht der Krieg aus. Mütterlicherseits hat Roger französische Wurzeln. Die Niederlage Frankreichs
weckt in ihm das tiefe Verlangen, dort ein Leben in Einfachheit und Gebet zu führen und Menschen zu helfen,
die unter den Ereignissen zu leiden haben. Nachdem
er mehrere Häuser in Augenschein genommen hat, be-
schließt er im August 1940, sich in Taizé niederzulassen.
Das Dorf liegt in der sogenannten Freien Zone, wenige Kilometer von der Demarkationslinie entfernt. Dies
ermöglicht es, Flüchtlingen Unterschlupf zu gewähren,
insbesondere Juden, die aus der besetzten Zone fliehen.
Seine Schwester Geneviève kommt nach und hilft ihm
bei dem nicht ungefährlichen Unterfangen.

Nach kurzer Zeit findet Roger Anschluss an einige
katholische und evangelische Pfarrer in Lyon. Pfarrer
Roland de Pury ist der Kopf einer Widerstandsgruppe,
welche die in Taizé beherbergten Flüchtlinge weiterlei-

tet. In Lyon lernt Roger auch Abbé Paul Couturier kennen, einen Vorläufer der ökumenischen Bewegung. Dies ist der Beginn einer langen und fruchtbaren Beziehung bis zum Tod des Abbé 1953. Der feinfühlige Mann erfasst sofort, welche Neuerung die Intuition darstellt, die den jungen Schweizer trägt und beseelt.

Von Abbé Couturier zur „Communauté de Cluny"

Abbé Couturier ist der erste Priester, der Roger in Taizé aufsucht, am 4. Juli 1941. Pfarrer Maurice Villain, der ihn begleitet, erinnert sich 1966 in einem Zeitschriftenbeitrag an jenen Besuch: „Nach einer Straßenbiegung taucht das Weichbild des Hügels auf, mit dem schlanken Turm der romanischen Kirche, mit einer Sinfonie von ockerfarbenen und grünen Farbtupfern, die von der Palette Cézannes zu stammen scheinen. Von weitem sah alles so aus wie heute. Von nahem war es nichts als Dickicht, Verwahrlosung, Abwesenheit von Gott. In der von Rissen durchzogenen Kirche feierte der Abbé das eucharistische Mysterium, und ich assistierte ihm. Der Tag verging mit geistlichen Gesprächen. (…) Der Entwurf für eine Regel wurde uns vorgelegt. Der Abbé steckte ihn in seine Reisetasche. Er sollte ihn sorgfältig prüfen, darüber beten und in den nächsten Tagen eine Antwort schicken. Bevor wir uns verabschiedeten, begingen wir die Ländereien und konnten dabei zu unserer Überraschung jüdischen Flüchtlingen die Hand schütteln." (Verbum Caro, 20. Jahrgang 1966, S. 72–77.)

Am 1. Oktober 1941 erscheint eine von Roger verfasste Broschüre mit dem Titel „Communauté de Cluny. Notes explicatives" (Erläuterungen). Damals fehlt es an allem, und Abbé Couturier hilft ihm, Papier zu beschaffen und eine Druckerei zu finden. Es handelt sich um die erste Fassung der „Regel von Taizé". Zu Beginn der „Erläuterungen" schreibt Roger: „Es geht für uns darum, mit einer zu individualistischen Tradition zu brechen." Und schon damals unterstreicht er, wie wichtig Orte der Gastfreundschaft sind: „Angesichts der gegenwärtigen Not ist unser Verlangen nach Einkehr, nach Stille und nach brüderlichem Leben nur noch stärker geworden." Er kündigt an, dass ein „Haus Cluny" eingerichtet wird, in dem man Einkehrtage halten kann.

„Ora et labora, ut regnet"

Die Broschüre nennt das Motto, unter dem das Haus stehen soll, und führt drei Regeln als geistliche Weisungen an, die näher erläutert werden: „Ora et labora, ut regnet" – „bete und arbeite, damit er herrscht" (damit sein Reich kommt). Außerdem wird dargelegt, dass das Gebet zwei Dimensionen hat: Es ist zugleich „Quelle des Friedens" und „Quelle des Lebens in Christus". Roger legt auch Wert darauf, dass die Arbeit nicht zu kurz kommt, wobei es „nicht möglich ist, durchzuhalten ohne die Hilfe des Heiligen Geistes". „… ut regnet": Der dritte Teil wird dem alten benediktinischen Spruch hinzugefügt. Letztes Ziel jedes christlichen Arbeiters ist

„Jesus Christus, der König". „Gebet und Arbeit bereiten das Kommen des Reiches Gottes vor."

Die drei geistlichen Weisungen lauten: „Lass in deinem Tag Arbeit und Ruhe von Gottes Wort ihr Leben empfangen. Wahre in allem die innere Stille, um in Christus zu bleiben." Die dritte lehnt sich an die „Veilleurs" an: „Lass dich durchdringen vom Geist der Seligpreisungen: Freude, Barmherzigkeit, Einfachheit."

Die „Groupe des Dombes" und Henri de Lubac

Im September 1942 nahm Roger unweit von Lyon an einer Zusammenkunft der ökumenischen Theologengruppe „des Dombes" teil. Dabei lernte er den bekannten Jesuiten Henri de Lubac kennen. Später begegnete Frère Roger ihm häufig in Lyon. Er schätzte nicht nur seine theologischen Auffassungen über die Kirche, sondern übernahm auch so manchen Wesenszug des künftigen Kardinals. Nach dessen Tod 1991 schrieb Frère Roger in einem Brief an den französischen Provinzial: „Die Haltung, die er in den schwierigen Abschnitten seines Lebens an den Tag legte, hat uns vorangebracht: Er konnte die Prüfungen hinnehmen, die ihm andere Christen bereiteten. Er musste mit ansehen, wie manchmal seine lautersten Absichten von anderen Christen entstellt wurden, und bewahrte dennoch Stillschweigen und setzte seinen Weg fort. Durch ihn begriff ich eine Gewissheit: Christus lieben und ihn in seiner Gemeinschaft lieben, welche die Kirche ist, das ist ein und dasselbe." In so mancher Anfechtung, die ihn auf seinem Weg erwartete, nahm Frère Roger dieselbe Haltung ein.

Im November 1942 ist er gerade in der Schweiz, weil er jemandem geholfen hatte, die Grenze zu überqueren. Frankreich wird zur Gänze besetzt. Er erfährt, dass das „Haus Cluny" durch die Gestapo durchsucht wurde. Die Lage ist hoch gefährlich. Er entscheidet sich, in Genf zu bleiben und auf bessere Tage zu warten. Das Ideal des gemeinschaftlichen Lebens geht ihm aber nicht aus dem Sinn. Einige junge Leute, die bereits aus den geistlichen Gedanken der „Erläuterungen" leben, wollen verbindlicher werden. Eine Art gemeinschaftliches Leben beginnt in einem Haus in nächster Nähe zur reformierten Genfer Kathedrale, mit Max Thurian und Pierre Souverain, die Theologie bzw. Landwirtschaft studieren. Bald schließt sich ihnen Daniel von Montmollin an.

Monastisches Leben in der Stadt Calvins

Die Genfer Wohnung ist ständig voller Gäste, ebenso die Seitenkapelle der Kathedrale, in der sie zum Gebet zusammenkommen. „Unter den Professoren der Fakultät und den Verantwortlichen der Kathedrale gibt es jedoch nicht nur Wohlwollen für dieses nie gekannte Experiment in der Stadt Calvins", meint Frère Daniel. Einige Größen wie der in Genf weithin anerkannte Pfarrer Jean de Saussure (dessen Sohn Eric sich später als zehnter Bruder der Communauté anschließt) und der Professor für Neues Testament Franz Leenhardt, stehen dem Versuch gemeinschaftlichen Lebens befürwortend gegenüber. Liberale Reformierte, Erben einer rationalen und kritischen Theologie, widersetzen sich ihm. „So geriet Roger häufig zwischen die Linien, ohne je den Mut zu verlieren", sagt Frère Daniel. „Sanfte Hartnäckigkeit entsprach im Übrigen durchaus seinem Charakter."

Auch auf intellektueller Ebene erweisen sich die Genfer Jahre als fruchtbar. Roger widmet sich wieder seiner Abschlussarbeit mit dem Titel „Das Ideal des monastischen Lebens bis Benedikt und seine Übereinstimmung mit dem Evangelium". Am 30. April 1943 legt er sie der Theologischen Fakultät der Freien Evangelischen Kirche des Kantons Waadt vor. Gleich über dem Inhaltsverzeichnis steht die Warnung: „Die Fakultät erinnert daran, dass sie nicht für die Meinungen verantwortlich ist, die in den Prüfungsarbeiten vertreten werden, die bei ihr eingereicht werden." Wer Ohren hat zu hören, der höre! Roger hat die Arbeit jedenfalls seinen Freunden nie zu lesen gegeben. Dennoch ist in der Communauté ein Exemplar vorhanden, das ich einsehen konnte.

Erster erstaunlicher Umstand: Der künftige Prior legt eine außerordentliche Kenntnis des Mönchtums an den Tag, von den Anachoreten oder Wüstenmönchen bis Benedikt (und gewiss auch darüber hinaus, wobei er seine Arbeit mit dem sechsten Jahrhundert abschließt). Ein großer Teil ist den Kirchenvätern gewidmet; man spürt, dass ihm Basilius der Große, Gregor von Nazianz, Augustinus und andere vertraut sind. „Er sah, dass ich mir wegen des Examens Sorgen machte", erinnert sich Frère Daniel. „Roger bot an, mit mir die Kirchenväter-Vorlesungen durchzugehen. Für mich waren Irenäus, Augustinus usw. lediglich Namen in Büchern. Er erzählte über sie, als hätte er sie bestens gekannt. Sie waren für ihn Freunde, inspirierende Menschen. Diese enge Beziehung war erstaunlich, denn sie zählten sicher nicht zu den besonders gepflegten Fächern an den evangelischen Fakultäten der Schweiz."

Die Kirchenväter und das gemeinschaftliche Leben

Thema von Rogers Abschlussarbeit ist es, ausgehend von der Geschichte des Mönchtums darzulegen, dass ein gut konzipiertes gemeinschaftliches Leben dem Evangelium nicht zuwiderläuft. Die wichtigsten der 18 aufgestellten Thesen: „In der Kirche der ersten Jahrhunderte", heißt es in der ersten, „ließ das Zeugnis der Jungfrauen und Asketen, die sich dem Gebet widmeten, die Einheit des Reiches Gottes erahnen und weckte zugleich den Eifer der Christen, die mitten in einer verdorbenen Generation lebten." Mit der siebten und achten These antwortet Roger indirekt auf die Befürchtungen Luthers, Beweggrund der monastisch-asketischen Bewegung sei es, das individuelle Heil zu suchen.

Roger sieht in der Askese eher eine geistliche Disziplin, die einer ungeordneten Lebensweise vorbeugt und sich in die Unentgeltlichkeit des Heils einfügt. In der 14. These heißt es: „Die Bereitschaft, der Kirche in Armut zu dienen, kann Zeugnis von Absichtslosigkeit inmitten einer Welt sein, die das Geld anbetet."

Bemerkenswert ist, wie viel ihm daran liegt, den Protestantismus von innen her aufzuschließen und dabei der Vorstellung einer absoluten Unentgeltlichkeit des Heils treu zu bleiben. Er gesteht Armut und Ehelosigkeit zu, empfiehlt sie sogar, lehnt aber zu jener Zeit noch den Gedanken an eine lebenslange Bindung ab: „In keinem Fall können Zölibat und Armut als ein Lebensengagement eingegangen werden; keine kirchliche Autorität hat das Recht, den Geist durch ewige Gelübde zu binden."

Die letzte These schließlich erläutert den Geist einer evangelisch-reformierten Gemeinschaft von Brüdern, die keine Blaupause der katholischen monastischen Gemeinschaften sein kann. „Sie wird danach streben, sich in der Freude des Heils zu entfalten (für die der Gesang der charakteristische Ausdruck ist) und stets zwei Gebote beachten: Treue zum Wort Gottes und Verwurzelung in seiner Kirche."

Brüderliches Leben franziskanischer Art

Manche dieser Vorstellungen entwickeln sich im Lauf der Zeit weiter. Insbesondere das Lebensengagement – die Form der Bindung und Eingliederung des Einzelnen an die Gemeinschaft – sieht Frère Roger schon 1949 mit anderen Augen. Aber zu diesem Zeitpunkt ist auch in den aus der Reformation hervorgegangenen Kirchen längst ein Umdenken in Gang. Der Bezug auf das gemeinsame Singen, das die Freude am Heil zum Ausdruck bringt, spielt eine große Rolle. Sehr früh ist Frère Roger intuitiv klar, worauf die Liturgie in Taizé aufbauen wird. Auch die Verwurzelung in der ungeteilten Kirche der ersten Jahrhunderte, die er leidenschaftlich studiert hat, weist bereits auf seinen Einsatz für die Einheit der Christen hin.

Das erste, mit dem Autorennamen „Roger Schutz" veröffentlichte Buch „Introduction à la vie commune" (Einführung in das gemeinschaftliche Leben) erscheint im Oktober 1944. Es setzt stark franziskanische Akzente. Über die Genfer Jahre von 1942 bis 1944 schreiben die Brüder in einem Rundbrief an ihren Freundeskreis vom 12. Januar 1947, dass die Anfänge des brüderlichen Lebens von den ersten Gefährten des Franziskus inspiriert waren. Dagegen ist die vorhergehende Zeit, in der Frère Roger zu Beginn des Krieges allein in Taizé gelebt hatte, ihnen zufolge charakteristischer für die „Solitaires de Port Royal".

Im Oktober 1944 verlassen die ersten drei Brüder Genf und beziehen wieder das weiterhin „Haus Cluny" genannte Anwesen in Taizé. Sie haben nun den Eindruck, eine Etappe zu beginnen, auf der ihnen vor allem das benediktinische Leben als Bezugspunkt dient. Mit dem Aufbruch nach Frankreich entfernen sie sich von ihren Freunden in der Schweiz: „Der eigentlich cluniazensische Geist des Gebetes und der Arbeit tritt in der niedergelassenen Communauté hervor. In diesem Zeitabschnitt leben wir nun und werden wir auch fortan leben."

Wie es ihr Gründer oft gesagt hat, will die Communauté de Taizé einen eigenen Weg gehen, ohne sich um eine Restaurierung des monastischen Lebens zu bemühen. Dennoch haben diese „reformierten" Brüder ihren Platz von Anfang an in der langen Geschichte des Mönchtums gesucht, die weit vor den Bruch der Reformation im 16. Jahrhundert und selbst vor das Große Schisma mit der Ostkirche von 1054 hinausreicht.

3
Die ersten Schritte der Communauté
(1944–1952)

Herbst 1944. Frère Roger kehrt mit einem Marschbefehl nach Taizé zurück, anders kann man in den Monaten nach der Befreiung Frankreichs nicht reisen. Mit Frère Max, Frère Pierre und Frère Daniel, der sich ihnen 1945 anschließt, leben nun vier Brüder im Haus Cluny. Einige Monate vor der Abreise aus der Schweiz, am 16. Juli 1944, ist der zukünftige Prior in der Neuenburger Kollegiatskirche zum Pfarrer ordiniert worden.

Durch das Nachkriegsfrankreich geht ein Aufatmen: Die Freiheit ist wiedererlangt, aber das Land liegt völlig darnieder. Im abgeschiedenen Dorf Taizé prägen materielle Schwierigkeiten aller Art das Leben der kleinen Gruppe.

Körperliche und geistige Arbeit

Ihr Leben „nach der Art von Cluny", wie sie es nennen, nimmt Form an. Es besteht aus körperlicher und geistiger Beschäftigung, Gastfreundschaft und kirchlicher Mitarbeit in der Umgebung. Die Mitte ihres gemeinsamen Lebens bildet das Gebet.

Zunächst gilt es, das leicht baufällige Haus instand zu setzen und das dazugehörige Landstück zu roden, 14 Hektar Brachland eines früheren Gutshofes. Die jungen Leute müssen mit geringen materiellen Mitteln auskommen. Sie legen einen Gemüsegarten an, bebauen das Land, kaufen eine Kuh, dann zwei Ochsen, einige Hühner, ein Pferd und später ein Schwein. „Während des Winters 1944/45 brachte Pierre seine Zeit damit zu, die

Akazienbäume, die um das Haus herum standen, zu fällen und zu Kleinholz zu machen", erzählt Frère Daniel. „Er verarbeitete sie zu Zaunpfählen, die in der damaligen Zeit eine Art Währung waren, mit der man sich andere Güter beschaffen konnte. Damit konnten wir Saatgut für die Felder bekommen, die wir mit einfachsten Mitteln bestellten, mit einem Paar Ochsen. Das erste Joch war aus Eichenholz, Pierre hat es selbst gefertigt."

Ihre geistige Arbeit dreht sich vor allem um das Bibelstudium. Frère Max beginnt, eine liturgische und ökumenische Theologie auszuarbeiten. Er veröffentlicht mehrere Bücher über zur damaligen Zeit heikle Fragen: „Die Freude des Himmels auf der Erde. Einführung in das liturgische Leben", „Die Beichte", „Ehe und Ehelosigkeit". Frère Roger gibt seinen Mitbrüdern den Rat: „Was das Wissen anbelangt, brauchen wir keine Enzyklopädisten zu sein. Zwei Stunden schöpferische Arbeit am Tag genügen für eine anspruchsvolle geistige Tätigkeit."

Deutsche Kriegsgefangene und französische Kriegswaisen

Die Gastfreundschaft in dieser Zeit des Aufbaus besteht für die Brüder zunächst darin, deutschen Kriegsgefangenen in der Gegend beizustehen und sich um Kinder zu kümmern, die im Krieg ihre Eltern verloren haben. „1945 wurden deutsche Kriegsgefangenenlager in der Nähe von Taizé eingerichtet. Ich erreichte die Genehmigung, dass deutsche Kriegsgefangene jeden Sonntagmorgen in unser Haus kommen konnten. Wir beteten kurze Zeit zusammen und teilten miteinander die wenige Nahrung, die wir auftreiben konnten. Die Armut traf uns alle gleichermaßen", sagte Frère Roger fast 30 Jahre später in seiner Rede zur Verleihung des Friedenspreises des Deutschen Buchhandels in der Frankfurter Paulskirche. Frère Daniel ergänzt: „Mit dem Grieß, den uns eine nahe gelegene Mühle freundlicherweise verkaufte, mit Brennnesseln, mit einigen im Fett unseres Schweins, das wir selbst vor unserem Haus schlachten mussten, gebratenen Zwiebeln kochte Frère Roger den Kriegsgefangenen eine Suppe, weil sie im Lager nicht sonderlich viel zu essen bekamen."

Nicht weniger dringend ist es, sich um Kinder zu kümmern, die ein Amtsrichter der Communauté anvertraut. Ihnen fehlt es an allem. Zunächst werden sie im Nachbardorf Massilly untergebracht, in einer von den Brüdern so genannten „Stadt der Kinder".

Rogers siebte Schwester Geneviève gibt daraufhin ihre Karriere als Pianistin auf und widmet sich diesen Kindern wie eine Mutter. Im April 1946 mietet die Communauté von einer Familie aus der Gegend ein großes verwahrlostes Landhaus in Taizé, genannt „Manoir". Nach der Instandsetzung finden dort zwei Dutzend Kinder Obdach. Geneviève lebt dort bis zu ihrem Tod im Dezember 2007.

Seinerzeit gibt es im Dorf keine Schule. In einer der Jugendgruppen, die damals die Communauté besuchen, begegnen die Brüder einem jungen Lehrer, Marcel Corre, und stellen ihn ein. Er unterrichtet fünf Jahre lang in Taizé.

Das Gebetsgewand

Es fehlt an allem; Frère Roger ist aber daran gelegen, das Leben festlich zu gestalten. „Er hatte die Gabe, ein einfaches Essen in ein Festmahl zu verwandeln", meint Frère Daniel. „Ich erinnere mich an ein Weihnachtsessen für die Kinder, für das er 13 verschiedene Nachtische angekündigt hatte, eine Haselnuss, eine getrocknete Aprikose, einen halben Apfel, einen Keks, ein Schokoladentäfelchen usw. Die Kinder spielten ausgelassen mit und fühlten sich reich beschenkt!" Freilich erscheint die Communauté den Dorfbewohnern zunächst — unvermeidlicherweise — als Fremdkörper; die jungen Brüder werden als die „Schweizer vom Schloss" bezeichnet.

Wie schon während der Genfer Jahre bildet das Gebet die Mitte des gemeinschaftlichen Lebens, morgens, mittags und abends. Es findet in einer Kapelle statt, die im Speicher des Hauses eingerichtet ist. Für die Stundengebete ist Frère Max zuständig. Es kommt der Wunsch auf, zu den Gebeten ein monastisch geprägtes Gewand zu tragen. Aber sie haben keines! Frère Roger, darum nicht verlegen, sieht sich gern auf Trödelmärkten um, wo man alte Möbel für das Haus erwerben kann. Dabei stößt er auf einen Stapel strapazierfähiger Betttücher. Sie erhalten in der Mitte eine Öffnung, so dass man sie über den Kopf ziehen kann. „Damit hatten wir unsere ersten Alben", berichtet Frère Daniel weiter, „unsere ‚Gebetsgewänder', wie wir sie später nannten." In jenen Jahren beten die Brüder nicht nur dreimal am Tag, sondern stehen auch mitten in der Nacht auf. Als wegen der Jugendtreffen immer mehr Aufgaben auf sie zukommen, werden die nächtlichen Gebete wieder aufgegeben.

Monsignore Roncalli und die romanische Kirche

Mitten im Dorf Taizé liegt eine verschlafene, längst nicht mehr benutzte romanische Kirche. Sie ist Maria von Magdala geweiht und wurde zu Zeiten des Abtes Petrus Venerabilis von Cluny († 1156) errichtet. Ohne die Communauté wäre sie sicher nichts weiter als einer der zahlreichen Kulturschätze geblieben, die gelegentlich ein Spaziergänger bewundert. Roger möchte, dass die Communauté in dem verlassenen Gotteshaus ihre Gebete halten kann. Seit der französischen Revolution war das Dorf ohne Priester und Sonntagsgottesdienst. 1941 hält Abbé Paul Couturier auf Einladung Frère Rogers zum ersten Mal wieder eine Eucharistiefeier in der kleinen Kirche. 1945 bittet der Gründer der Communauté den Dekan von Saint-Gengoux, Pfarrer Dutroncy, um die Erlaubnis, die Gebete dort halten zu dürfen. Der aufgeschlossene Mann erteilt ohne Zögern seine Zustimmung. Nun können die romanischen Gewölbe von den Gesängen der kleinen Gruppe widerhallen. Allerdings nicht lange: Nur wenige Wochen später beendet Diözesanbischof Lebrun das „nicht sehr … katholische" Treiben. Und die Brüder müssen auf ihren Speicher zurück.

Rettung kommt zwei Jahre später von einem gewissen

In den ersten zwanzig Jahren war die romanische Dorfkirche aus dem 11. Jahrhundert noch groß genug für die täglichen Gebete.

Angelo Roncalli, Nuntius in Paris und späterer Papst Johannes XXIII., den Bischof Lebrun schließlich um Rat
gebeten hat. Die Erlaubnis, ein Simultaneum einzurichten, also den Kirchenraum einer nichtkatholischen Ge-

meinschaft zur Verfügung zu stellen und weiterhin auch katholische Eucharistiefeiern dort zuzulassen, wird im März 1948 erteilt. Seit Pfingsten desselben Jahres können alle Gebete der Communauté dort stattfinden. Loyal wie sie sind, bringen die Brüder an der Tür ein Schild an, das katholische Besucher daran erinnert, dass es ihnen nicht erlaubt ist, an einem nichtkatholischen Stundengebet teilzunehmen. Ihre Teilnahme erfordert eine Dispens durch den Ortsbischof. Bis zum Zweiten Vatikanischen Konzil besucht Bischof Lebrun mehrmals die Brüder, nimmt aber nie an einem ihrer Gebete teil.

Von den Hugenotten-Psalmen zu Joseph Gelineau

In der Kirche werden beim Gebet, das nach der Art benediktinischer Stundengebete gestaltet ist, immer wieder Hugenotten-Psalmen gesungen. „Vom ersten Tag spielte die Musik in der Communauté de Taizé eine große Rolle", sagte einmal Frère Roger, der seit der frühen Jugend in seiner musikalischen Familie selbst gerne sang. 1948 taucht Pater Gelineau, ein Pionier des französischsprachigen liturgischen Gesangs, im Dorf auf. „Ich hatte von der Communauté gehört", berichtet der Jesuit. „Auf einer Reise machte ich dort halt. Damals arbeitete ich an Psalmen in französischer Fassung, ausgehend von der Übersetzung der ‚Jerusalemer Bibel'. Das Leben und die liturgische Arbeit dort beeindruckten mich tief. Schon bei meinem ersten Besuch bat mich Frère Roger, ein Stück zu komponieren." Damit beginnt eine lange

Freundschaft mit den Brüdern, die bis zu Gelineaus Tod im Jahr 2008 anhält. Er arbeitet noch in den siebziger Jahren mit der Communauté zusammen, als die in vielen Sprachen getexteten Gesänge Jacques Berthiers aufkommen.

Die Liturgie des Herrenmahls, an der Frère Max unter Berücksichtigung der überlieferten Formen ausdauernd gearbeitet hatte, wird in erstaunlich enger Anlehnung an die Eucharistiefeiern der katholischen und orthodoxen Kirchen gehalten. Mit Französisch als Liturgiesprache und der Betonung des Stellenwertes des Wortes Gottes ist die Communauté unversehens Vorläufer einer Gottesdienstgestaltung, wie sie später das Zweite Vatikanische Konzil vertritt.

Pfarrer in Mâcon und Umgebung

Ab 1948 versehen die Brüder den Pfarrerdienst in der evangelischen Kirchengemeinde von Mâcon, mit der sie von Anfang an in Verbindung gestanden hatten. Die drei ordinierten Pfarrer Roger, Max und Daniel predigen dort und versorgen die vereinzelt in der Gegend wohnenden reformierten Christen. Sie sind mit dem Fahrrad, manchmal zu Pferd unterwegs. Roger leitet ziemlich regelmäßig den Gottesdienst in Mâcon und lädt am Schluss die Gläubigen zu einem eher kargen Essen ein. „Er war in der Kirchengemeinde sehr beliebt", meint Frère François, der sich 1951 als 13. Bruder der Communauté anschließt.

Dieser Dienst bringt der jungen Communauté dauerhafte Freundschaften in der evangelisch-reformierten Kirche ein. Der lutherische Pfarrer Maurice Sweeting sowie der reformierte Christ und Philosoph Paul Ricœur sind in einer Reportage der Zeitschrift „Réforme" vom 2. August 1947 voll des Lobes über das „protestantische Kloster von Cluny".

Zu dieser Zeit nehmen die Besuche von Pfarrern, Priestern und Jugendlichen, die sich für die Communauté interessieren, immer mehr zu. Auch Angehörige verschiedener Ordensgemeinschaften klopfen an die Tür. Nachdem Franz von Assisi das Leben Frère Rogers tief geprägt hat, stellt sich schon 1945 der Franziskanerbruder Jérôme aus Mâcon vor. Es kommt zu regelmäßigen Begegnungen mit der dortigen Gemeinschaft. 1948 ist ein junger Dominikaner aus Lyon zu Gast, Pater René Beaupère, der mit Abbé Couturier zusammenarbeitet. Damals hat Frère Roger gerade mit Überlegungen für eine „Regel von Taizé" begonnen; ihre Gespräche drehen sich um das Leben der Dominikaner.

Die Entstehung der „Regel von Taizé"

Die Communauté vergrößert sich, und Frère Roger spürt, dass der Zeitpunkt gekommen ist, die Grundlagen ihres Lebens näher niederzulegen. Dazu müssen die ursprünglichen „Erläuterungen" für das sich verändernde gemeinsame Leben weiterentwickelt werden.

So entsteht die „Regel von Taizé", die der Gründer in der Einsamkeit des Winters 1952/53 gründlich bedenkt. Abt Notker Wolf, heutiger Primas des Benediktinerordens, weist in einem Sammelband auf die Geistesverwandtschaft mit der Benediktusregel hin: „Das Evangelium ist die Basis, und die Regel soll die Einheit und den Frieden in der Gemeinschaft bewirken. (…) insgesamt fällt auf, dass, obwohl die Regel Benedikts an sich schon nur ein kleines Büchlein ausmacht, die Regel von Taizé noch viel kürzer ist." Sie konzentriert sich auf grundlegende Orientierungen für das gemeinsame Leben. Verschiedene Abänderungen, die im Lauf der Jahre erfolgen, dienen dazu, sie noch tiefer mit einer Spiritualität zu durchdringen, die der Kernbotschaft des Evangeliums entspringt. Hierfür stehen zahlreiche Zitate aus der Heiligen Schrift, insbesondere aus dem Neuen Testament. „Bruder, wenn du dich einer gemeinsamen Regel unterwirfst, so kannst du das allein um Christi und des Evangeliums willen. Dein Lobsingen und dein Dienen sind von nun an Teil einer brüderlichen Gemeinschaft, die der Kirche eingegliedert ist", heißt es in der Einleitung. Die Regel von Taizé hat nichts von einem juristischen Regelwerk. Anlässlich des 40. Jahrestages des Beginns der Communauté wird sie konsequenterweise in „Die Quellen von Taizé" umbenannt. Auf poetische Weise beschreibt Frère Roger eine „Kleine Quelle" und lädt zur verweilenden Betrachtung des Wortes Gottes und des Geheimnisses seiner Menschwerdung ein. Von Anfang an ist die Communauté freilich auch solidarisch und mit den

Nöten der Menschen befasst: „Gott sieht der Qual der Menschen niemals unbewegt zu. Er leidet mit dem Unschuldigen, dem Opfer unbegreiflicher leidvoller Prüfung, er leidet mit jedem Menschen", heißt es an anderer Stelle.

Das Lebensengagement der ersten Brüder ...

Nicht verurteilen, keine Erstarrung zulassen, vor allem keine Institutionalisierung – daran ist der Communauté und ihrem Gründer stets gelegen. Nach fünf oder sechs Jahren ihres Bestehens schlägt Frère Roger vor, die „Grande Communauté" aufzulösen; er befürchtet, der Freundeskreis könne sich zu einer Art festen Bewegung im Umfeld der niedergelassenen Communauté aus- wachsen. Gleichzeitig beauftragt er einen evangelischen Christen, Philippe Akar, welcher der Communauté na- hesteht, mögliche Annäherungen an das Modell beste- hender Dritter Orden zu prüfen. „Ich habe im Winter 1952/53 sorgfältig daran gearbeitet", sagt uns letzterer. „Ich behandelte das Thema in einer Art wissenschaft- licher Arbeit und stellte zusammen, welche Orientie- rungen in verschiedenen katholischen Kongregationen für Laien vorgesehen sind. 1953 übergab ich Frère Roger die Studie. Er las sie aufmerksam und sagte dann zu mir: ‚Es wird keinen Dritten Orden geben'." Damals wird es zur Leitlinie der Communauté, unter keinen Umständen zuzulassen, dass in ihrem Umfeld eine organisierte Bewegung oder gar eine Kirche entsteht.

Die Besucher von Taizé sollen ihre Energien in ihren Kirchengemeinden, Verbänden und Gemeinschaften zuhause einsetzen.

Schon in den Jahren 1944 bis 1948 kommen die ersten Jugendlichen nach Taizé und ziehen sich für einige Zeit in Gebet und Stille zurück – für viele von ihnen eine ganz neue Erfahrung. Robert Giscard, Medizinstudent in Paris und Mitglied der evangelisch-reformierten Kirche, entschließt sich zu bleiben. Er wird fünftes Mitglied der Communauté und Arzt im Dorf. Bald folgen zwei weitere junge Franzosen, Albert und Axel.

Ostern 1949: In aller Einfachheit legen die ersten sieben Brüder – Roger, Max, Pierre, Daniel, Robert, Albert und Axel – ihr lebenslanges Gelübde ab. „Willst du um der Liebe Christi willen dich ihm hingeben mit allem, was du bist?", fragt der Prior. „Ich will es." Darauf folgen die anderen Versprechen der Gemeinschaft mit den Brüdern, des Verzichts auf jeden persönlichen Besitz und der lebenslangen Ehelosigkeit. Dieses Geschehen in der kleinen Kirche von Taizé und das eben entdeckte gemeinsame Leben treffen Alain Giscard, Roberts Bruder, so tief, dass er ebenfalls Mitglied der Communauté wird.

Zum ersten Mal gehen Männer aus den reformatorischen Kirchen ein endgültiges Lebensengagement in einer Gemeinschaft ein. Nun sind sie durch eine zweifache Solidarität gebunden: Sie sind Söhne der Reformation, und sie orientieren sich am traditionellen katholischen und orthodoxen monastischen Leben.

Lange Zeit stand Frère Roger einem solchen Lebensengagement unschlüssig, ja widerstrebend gegenüber. Was hat die Wende herbeigeführt? Allmähliches Reifen und mehrere Einflüsse.

Der entscheidende Anstoß kam von evangelischer Seite, von der Theologin und Bibelwissenschaftlerin Suzanne de Dietrich, die in jenen Jahren prägend war. Frère Roger geht darauf in seinem Buch „Eine Ahnung von Glück" ein: „Ich kann das Gespräch mit einer Frau nicht vergessen, die den Text gelesen hat. Ich schätzte sie sehr. Sie war von Geburt an behindert, Schriftstellerin und hatte gründliche Kenntnisse des Neuen Testaments. Sie sagte zu mir: ‚Sie sorgen sich, ob Sie genug Ausdauer aufbringen können? Der Heilige Geist ist doch da, er ist stark genug, ein Leben lang eine Berufung zu festigen.' Nach und nach haben wir Brüder begriffen, dass der Heilige Geist immer gegenwärtig ist und uns auf unserem Weg leitet. Es zeigte sich in aller Klarheit, dass wir uns, wollten wir treu bleiben, für das ganze Leben zu binden hatten. Wir sind dieses Lebensengagement an Ostern 1949 eingegangen. Wir waren sieben Brüder."

Frère Daniel meint, es sei bereits lange vor 1949 klar gewesen, dass der Beitritt zur Communauté für das ganze Leben galt. Frère Roger zögerte jedoch auch deswegen, weil er vorsichtig vorgehen wollte. Ihm war daran gelegen, die Umwelt allmählich auf den enormen Schritt vorzubereiten. Dieser führte im Übrigen in der evangelischen Glaubensfamilie zu Unverständnis und Irritationen.

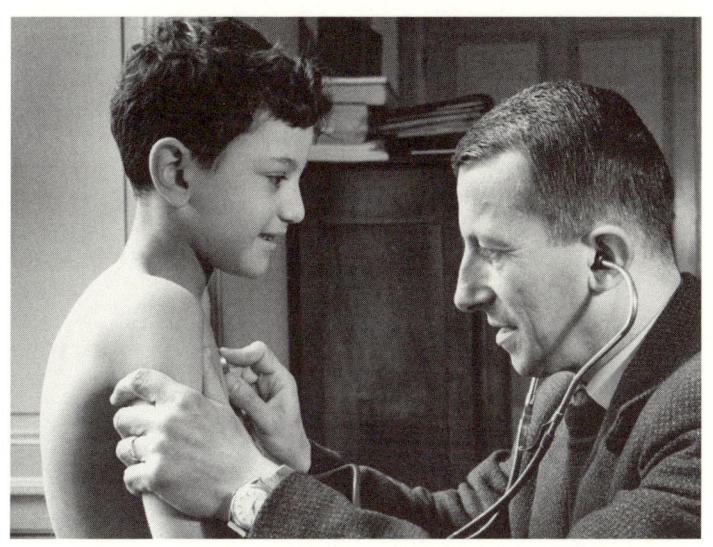

1949 ist die kleine Gemeinschaft noch wenig bekannt. Sie weist jedoch bereits alle Merkmale auf, mit denen sie später berühmt werden soll. Eines ist überraschend: Katholische Ordensleute beginnen, sich Taizé zuzuwenden, sich dort zu inspirieren. In den vierziger Jahren ist Frère Roger willkommener Gast beim Abt von Cîteaux und in anderen katholischen Klöstern. Im Juli 1948 besucht die Gründerin der Kleinen Schwestern Jesu, Madeleine, den Hügel von Taizé und hält mit ihrem Staunen nicht hinter dem Berg: „Heute haben wir die Brüder von Taizé besucht. (…) Ihre Vorstellungen sind etwas überraschend: durch ihre Ausstrahlung wieder das katholische Leben im Dorf wecken! Kann es so etwas geben?" Es ist ja auch erstaunlich, dass evange-

Frère Robert arbeitet Ende der 50er Jahre noch als Landarzt.

lische Christen das eingeschlafene geistliche Leben in diesem entlegenen burgundischen Winkel neu zu entfachen vermögen.

4

Versöhnung und ökumenische Offenheit (1953–1962)

Die vierziger Jahre stellen eine erste Wende in der Geschichte der ökumenischen Bewegung dar, insbesondere durch den Aufschwung der „Groupe des Dombes". Diese Gruppierung von katholischen und evangelischen Theologen, die sich in der Trappistenabtei Dombes versammeln, entstand 1937 auf Anregung zweier in Lyon tätiger Priester, Paul Couturier und Laurent Rémillieux, sowie des Berner Pfarrers Richard Bäumlin. Von Anfang an arbeitet die Gruppe für die Einheit der Christen und die Umkehr der Kirchen. Sie veröffentlicht wesentliche Texte über zahlreiche Themen wie Eucharistischer Glaube, Priestertum, Amt in der Kirche und Maria. In der Abtei Dombes begegnen Roger und Max 1942 zum ersten Mal Henri de Lubac.

Frère Max, Theologe der Communauté, wird aktives Mitglied bei den jährlichen Versammlungen. „Vom ursprünglichen Gegenüber der Katholiken und Protestanten fanden beide Seiten bis Mitte der fünfziger Jahre zum Nebeneinander", meint der Theologe Bernard Sesboüé, von 1967 bis 2005 katholisches Mitglied der Gruppe. „Seit den ersten freimütigen Gesprächen über strittige Fragen zwischen den Konfessionen haben wir gemeinsam Übereinstimmendes gesucht und in der in Taizé herausgegebenen Zeitschrift ‚Verbum Caro' veröffentlicht. Max Thurian hat unsere Gruppe sehr geprägt, die bis 1970 abwechselnd in Taizé und in Dombes zusammenkam. Wir tagten dann nicht mehr in Taizé, weil die großen Jugendtreffen dies rein praktisch unmöglich machten."

Vorkämpfer ökumenischer Begegnungen

Taizé wird freilich kein institutionalisierter Ort ökumenischen Dialogs. Das Dutzend Brüder in den fünfziger Jahren ist zwar noch rein evangelisch, man lebt aber bereits vor dem Eintritt des ersten anglikanischen Bruders 1961 und des ersten katholischen Bruders 1969 konkret die Versöhnung zwischen den Konfessionen. Frère Roger verfolgt freilich auch die institutionellen Gespräche über die Einheit der Christen aufmerksam mit. Zahlreiche ökumenische Begegnungen offizieller wie inoffizieller Art finden in Taizé statt. Man kann von einem Einfluss auf Gegenseitigkeit sprechen, von einer Art ständiger Dialektik zwischen dem „atypischen Kloster" und den kirchlichen Institutionen.

In den fünfziger Jahren hat die Communauté bereits ihren festen Platz unter den Vorkämpfern der ökumenischen Bewegung. Dieser Begriff wird zur damaligen Zeit nur auf einige Kreise Eingeweihter angewendet, obwohl er, zum ersten Mal in der Moderne, 1845 in Liverpool beim Eröffnungskongress der Evangelischen Weltallianz vom französischen reformierten Pfarrer Alphonse Monod eingeführt worden war. 1910 hatten sich zur ersten ökumenischen Konferenz in Edinburgh 1200 Missionare, Pfarrer und Laien aus verschiedenen Erdteilen, Vertreter von Gesellschaften aus fast der gesamten evangelischen und anglikanischen Welt versammelt. Dieses erste Treffen ohne katholische und orthodoxe Beteiligung wurde Vorbild für spätere größere Versammlungen. Es kann auch als Urform des Ökumenischen Rates der Kirchen betrachtet werden.

Viele ordnen die anglikanische Gemeinschaft unter die reformatorischen Kirchen ein. Dies trifft in gewissem Maße zu. Tatsächlich steht sie jedoch zwischen diesen Kirchen und der katholischen Kirche. Ab 1833 eröffnet die „Oxforder Bewegung", die unter anderem von dem zukünftigen Kardinal Henry Newman getragen wird – einem Anglikaner, der später zum Katholizismus übertritt –, völlig neue Wege zur Versöhnung sowohl mit den Katholiken als auch mit den Orthodoxen, insbesondere durch eine liturgische Erneuerung in der anglikanischen Kirche.

Gegen Ende des 19. Jahrhunderts wird Papst Leo XXIII. durch die gemeinsame Initiative des Amerikaners Lord Halifax (1839–1934) und des französischen Lazaristen Fernand Portal (1854–1926) auf den Gedanken einer Versöhnung aufmerksam, die mit der Vorstellung einer bloßen Rückkehr in den Hort der Katholischen Kirche bricht. Der Papst erkennt die anglikanischen Weihen jedoch nicht an und ruft stattdessen vom Freitag nach Christi Himmelfahrt bis zum Samstag vor Pfingsten des Jahres 1894 zu einem neuntägigen Gebet auf, um „das Werk der Versöhnung mit den getrennten Brüdern zu beschleunigen". Dies bleibt zwar noch hinter dem 1935 von Abbé Couturier erlassenen Aufruf zurück, vom 18. bis 27. Januar für die Einheit zu beten, „wann und wie Gott sie will". Die Initiative Leos XXIII. ist aber bereits eine Einladung an die Katholiken, über ihren eigenen Bereich hinauszuschauen.

Die angelehnte Tür Pius' XII.

Nach der erneuerungsträchtigen Entscheidung von Papst Leo XXIII. geht es in Sachen Ökumene in Rom kaum voran. Bis zu einem unerwarteten Ereignis, das 1949 eintritt: Der unbeirrbare und unermüdliche Freund von Taizé, der Lyoner Erzbischof Kardinal Gerlier, erreicht, dass Frère Roger und Frère Max von Papst Pius XII. in Audienz empfangen werden. Mit 34 Jahren ist der Prior von Taizé in den römischen Kreisen noch ein Unbekannter; der Kardinal sieht jedoch in der Initiative dieses überzeugenden jungen evangelischen Christen eine Möglichkeit, der ins Stocken geratenen ökumenischen Bewegung Türen zu öffnen. Sein Vorgehen trägt Früchte. Wenig später wird im Vatikan ein Text herausgegeben, der es Katholiken unter bestimmten Bedingungen gestattet, an ökumenischen Zusammenkünften teilzunehmen. Aus dieser Zeit rührt die Freundschaft Frère Rogers mit Monsignore Montini, dem späteren Paul VI., einem engen Mitarbeiter Pius' XII.

Der zweite Besuch der Brüder in Rom 1950 hat einen weniger glücklichen Ausgang. In jenem Heiligen Jahr schickt sich der Papst an, feierlich das Dogma über die Aufnahme Mariens in den Himmel zu erklären und sich hierbei auf das Dogma der Unfehlbarkeit des Papstes zu berufen, das beim Ersten Vatikanischen Konzil (1870/71) verabschiedet worden war. Frère Roger versucht weniger, Pius XII. davon zu überzeugen, das Dogma nicht zu verkünden, als ihn vielmehr zu bitten, nicht von seiner Unfehlbarkeit Gebrauch zu machen, weil dies den Gra-

ben zu den „getrennten Brüdern" nur vertiefen kann.
Vergebens. Die Verkündigung wird vom 15. August auf
den 1. November verschoben und löst in Taizé tiefe Enttäuschung aus. Der Prior freilich übt Nachsicht mit dem
menschlich eher zurückhaltenden Papst: „Ich habe ihn
fast nicht gekannt. Er hatte etwas Ehrfurchtgebietendes,
weil er Gott mit geistlicher Leidenschaft anhing, war
aber weniger zugänglich als seine Nachfolger", sagt er
später zu seiner Biografin Kathryn Spink.

Die französischen Protestanten allerdings sind verär-
gert, als sie nachträglich vom
Besuch eines der Ihren in
Rom erfahren. Der Präsident
des protestantischen Kirchenbundes Frankreichs, Pfarrer

Taizé 1960: Frère Roger
mit dem Lyoner Kardinal
Gerlier und Pfarrer Boegner,
Vorsitzender des protes-
tantischen Kirchenbunds in
Frankreich

Marc Boegner, verlangt eine Erklärung vom Prior der Communauté, dem er freundschaftlich verbunden ist.

Johannes XXIII. – die entscheidende Wende

1952, 1954 und 1955 nehmen die Brüder an einigen ökumenischen Versammlungen in Rom teil; Frère Roger stellt dabei „einen gewissen Leerlauf" fest. Im Oktober 1958 wird Kardinal Angelo Roncalli zum Papst gewählt. Dies führt zu einer entscheidenden Wende in der Geschichte von Taizé. Roncalli hatte die Communauté bereits unterstützt, als er noch Nuntius in Paris war. Als Papst Johannes XXIII. gewährt Frère Roger und Frère Max bereits im November eine erste Privataudienz. Dafür hat sich ein weiteres Mal Kardinal Gerlier verwendet, weil er davon überzeugt ist, dass die Frage der Versöhnung der Christen einem betagten Papst gleich zu Beginn seines Pontifikats vorgelegt werden sollte. Die Zeit drängt.

„Der außergewöhnlich herzliche Empfang, den uns der Papst bereitete, seine Aufgeschlossenheit für die ökumenische Berufung, seine Einladung, am Zweiten Vatikanischen Konzil teilzunehmen, stellten für uns eine Wende dar", trägt Frère Roger später in sein Tagebuch ein. In einem Beitrag vom 2. September 2000 für die Tageszeitung „Le Monde" fügt er dem hinzu: „Er war sich dessen nicht bewusst, aber er hat für uns den Schleier über einem Teil des Geheimnisses der Kirche gelüftet. (…) Durch sein Leben haben wir begriffen, was das Dienstamt eines universalen Hirten bedeutet. Ist dieser Dienst nicht zu allererst ein Dienst an der Versöhnung?" Bei ihrer letzten Begegnung vertraut ihm der „gute Papst Johannes" an, er habe die Absicht, in der vor der Veröffentlichung stehenden Friedensenzyklika „Pacem in terris" diese Versöhnung auf alle Menschen auszudehnen.

Die Unterredung findet am 25. Februar 1963 statt. Auch Frère Max und Frère Alain sind dabei. Sie dauert eine volle Stunde. Der an Krebs erkrankte Papst weiß, dass er bald sterben wird. Er bestätigt die Brüder von Taizé in ihrer Berufung und verwendet dann ein Bild von der katholischen Kirche, die aus wachsenden konzentrischen Kreisen bestehe. Taizé befinde sich im Inneren eines dieser Kreise, nicht sehr weit vom Kern entfernt. „Seine Worte haben uns gewissermaßen in die Wirklichkeit der Kirche hineingenommen. In der Lage, in der sich unsere Communauté befand, wollte der Papst zu uns sagen: Setzt den Weg fort, den ihr eingeschlagen habt."

Frère Roger erfährt vom Tod Johannes XXIII. am 3. Juni 1963 zu Beginn des Abendgebets. Er findet keine Worte, in die er seine Trauer und seine Dankbarkeit für diesen Mann kleiden könnte, den er wie einen Vater geliebt hat. Nach den Beisetzungsfeierlichkeiten in Rom fährt er mit dem Schiff zur Tausendjahrfeier auf dem Berg Athos und trifft in Konstantinopel mit Patriarch Athenagoras zusammen. Gemeinsam mit Frère Max war er bereits im Vorjahr beim Ehren-Primas der Orthodoxie zu Gast gewesen.

Athenagoras und die Brücke zur Ostkirche

Während jener ersten Reise im Februar 1962 hatte er
sich mit dem betagten Patriarchen auf Anhieb verstanden. Athenagoras hatte mit ihnen eine Fahrt durch Istanbul auf den Spuren christlicher Märtyrer unternommen und ihn in sein Vorhaben eingeweiht, auf der Insel
Patmos ein ökumenisches Zentrum einzurichten, das er
„orthodoxes Taizé" nennen wollte. „Warum kann man
das nicht in Burgund machen?", soll ihn daraufhin Frère
Roger gefragt haben. Ein Jahr später wird auf dem Hügel mit Einwilligung des Pa-
triarchen der Grundstein für
ein kleines orthodoxes Kloster
gelegt.

Frère Roger bei Patriarch
Athenagoras von Konstantinopel, 1962

Diese erste Reise zu den Quellen der Ostkirche ist der Beginn einer langen Reihe von Begegnungen mit orthodoxen Würdenträgern, darunter die Patriarchen Kyrill von Bulgarien und Germanos von Jugoslawien. Hinzu kommen zahlreiche Besuche orthodoxer Persönlichkeiten in Taizé, wie Metropolit Nikodim vom Moskauer Patriarchat im Dezember 1962. Orthodoxe Bischöfe aus Griechenland, Russland, der Schweiz und Frankreich nehmen 1965 an der Einweihung der orthodoxen Kapelle und des orthodoxen Zentrums teil. Der zukünftige Moskauer Patriarch Alexej II. erhält die Erlaubnis, an einer Friedenskonferenz teilzunehmen, die 1967 in Taizé abgehalten wird.

Mitte der sechziger Jahre öffnet die Communauté zudem ihre Liturgie und ihre Ikonenmalerei für die Tradition der Ostkirche. Auch dieser Schritt bezeugt die Liebe ihres Gründers zur Orthodoxie. In Frère Rogers Zimmer, das weiterhin als Versammlungsraum dient, steht in einer Ecke eine bescheidene Ikone, die Patriarch Athenagoras ihm bei der letzten Begegnung 1970 mitgegeben hat. Sie ist wie eine Mahnerin, nicht in dem Verlangen nachzulassen, für die Einheit zu beten und an die Worte des eindringlichen Förderers der Versöhnung aus Konstantinopel zu denken. Frère Roger erinnerte sich oft: „Bis in meine letzte Stunde werde ich den Patriarchen im Augenblick unserer Abreise vor mir sehen. Er stand im Türrahmen und hob die Hände, als zeige er den Kelch der Eucharistie und wiederholte noch einmal: ‚Der Kelch und das Brotbrechen, einen anderen Weg gibt es nicht; denken Sie daran.'"

Eine deutsch-französische Baustelle:
Die Kirche der Versöhnung

Der Übergang von den fünfziger zu den sechziger Jahren ist nicht nur durch einen Fortschritt bei der Versöhnung der Christen geprägt, sondern auch bei der Versöhnung der Völker, die sich in Europa gegenseitig zerrissen hatten. Taizé ist Schauplatz eines wichtigen Unternehmens deutsch-französischer Versöhnung.

Durch die Synode der Evangelischen Kirche in Deutschland ist 1958 eine „Aktion Sühnezeichen" ins Leben gerufen worden; damals ist der Zweite Weltkrieg seit 13 Jahren vorüber. Damit konkrete Schritte der Versöhnung in Gang kommen, werden Baulager in den vom Krieg betroffenen Ländern durchgeführt. Bekannte Persönlichkeiten, darunter mehrere aus der Bekennenden Kirche, beteiligen sich, etwa der Theologe Martin Niemöller (1892–1984) oder der Jurist Gustav Heinemann, Minister in der Regierung Adenauer und späterer Bundespräsident (1969–1976). Die neue Kirche in Taizé ist eine der großen Bauten dieser Aktion.

Frère Michel, 1959 in die Communauté eingetreten und 2009 verstorben, erzählt: „Als ich 1960 an einem ökumenischen Treffen in Ostberlin teilnahm, begegnete ich Lothar Kreyssig, dem Gründer der ‚Aktion Sühnezeichen'. Als junger Strafverteidiger hatte er in den dreißiger Jahren gegen das Nazi-Regime gearbeitet, das das Leben behinderter Menschen auslöschte. Während einer Arbeitspause in Berlin nahm mich Kreyssig am Arm und erkundigte sich näher über unsere Communauté. Nach einer Viertelstunde rief er aus: ,Taizé ist der ideale Standort in Frankreich für ein Projekt von Sühnezeichen!'"

Obwohl die Dorfkirche längst zu klein geworden ist, weckt der Neubau einer Kirche Bedenken. Frère Roger ist zurückhaltend, er befürchtet wieder einmal, die Brüder könnten in Taizé zu heimisch werden. Das vorhandene Modell des jungen Frère Denis, der Architektur studiert hat, gibt schließlich den Ausschlag. Er hatte in der Schweiz als Abschlussarbeit eine Wallfahrtskirche entworfen.

So treffen kurz nach Ostern 1961 etwa 30 junge deutsche Freiwillige in Taizé ein, die sieben Monate später von einer weiteren Mannschaft abgelöst werden. Sie leisten die hauptsächliche Arbeit unter der Leitung eines kleinen Bauunternehmens aus der Umgebung. Von Zeit zu Zeit gehen ihnen junge Franzosen zur Hand. An Besuchern fehlt es nicht: der französische Minister und ehemalige politische Häftling Edmond Michelet, zahlreiche katholische Bischöfe und evangelische Pfarrer sowie Journalisten, die dazu beitragen, dass Taizé in der breiten Öffentlichkeit bekannt wird.

Am 6. August 1962, dem Fest der Verklärung des Herrn, wird die Kirche der Versöhnung eingeweiht. Tausende Menschen nehmen an der Feier teil. Die Kirchen – evangelisch, katholisch, orthodox, anglikanisch – entsenden maßgebliche Vertreter, die eine bis dahin nicht gekannte ökumenische Versammlung bilden.

In der ersten Ausgabe der Vierteljahresschrift der Communauté „Aujourd'hui" (Heute) heißt es: „Diese beiden Tage haben für die Entwicklung der Ökumene bleibende Bedeutung. Zum ersten Mal haben sich hier Kirchenverantwortliche aller christlichen Konfessionen versammelt und im Chor derselben Kirche dasselbe Stundengebet gesungen. Wie ist es möglich, dass die beiden Tage reibungslos verliefen, ohne den geringsten falschen Ton?"

So werden Anfang der sechziger Jahre erste Brücken zwischen den Konfessionen und den Nationen geschlagen. Der Zement in Taizé ist das Gebet, in einer Kirche, die der Versöhnung geweiht wurde und die ihr Prior für viel zu geräumig hält.

5

Zweites Vatikanum: Wende in der Geschichte (1962–1965)

Am 11. Oktober 1962 wird in Rom unter dem Vorsitz Papst Johannes XXIII. das Zweite Vatikanische Konzil eröffnet. Dieses Ereignis soll ungeheure Auswirkungen auf die Zukunft des Katholizismus in seinen Beziehungen zu den anderen christlichen Kirchen haben. Und es beeinflusst tief und dauerhaft die Geschichte der Communauté de Taizé, weil Frère Roger und Frère Max in Rom anwesend sind. Über drei Jahre knüpfen sie tragfähige Freundschaften und beschäftigen sich mit fruchtbaren Ideen.

Nicht weniger als 3058 Bischöfe aus 145 Ländern, 453 Berater und – eine unerhörte Tatsache – 101 nichtkatholische Beobachter kommen von 1962 bis 1965 in der Ewigen Stadt zusammen. Unter den nichtkatholischen Gästen dieser beeindruckenden Versammlung nehmen Frère Roger und Frère Max von Anfang bis Ende an den vier Konzilssessionen teil, die jeweils im Herbst stattfinden. Am 8. Dezember 1965 wird das Konzil durch Papst Paul VI. geschlossen. Die Entscheidung Johannes XXIII., evangelische und orthodoxe Beobachter einzuladen, ist mutig, denn die Vorbereitung war nicht gerade in großer ökumenischer Aufgeschlossenheit verlaufen. Monsignore Marty, der spätere Erzbischof von Paris, wird sogar behaupten, dass der Papst den Mut zur Einladung so vieler nichtkatholischer Beobachter erst nach der Bekanntschaft mit den Brüdern von Taizé aufgebracht habe.

Um unter Beweis zu stellen, wie sehr er zur Ökumene entschlossen ist, hatte Johannes XXIII. am 5. Juni 1960 ein Sekretariat zur Förderung der Einheit der Christen

eingerichtet, das Kardinal Augustin Bea leitete. Im Juli 1962 traf ein Einladungsschreiben des deutschen Jesuiten, der eine strategisch wichtige Stelle in der Kurie besetzte, in Taizé ein. Frère Roger und Frère Max wurden eingeladen, mit dem Status von Gästen des Sekretariats am Konzil teilzunehmen, das fünf Tage später begann.

Papst Johannes XXIII. und Augustin Kardinal Bea begrüßen 1962 Frère Roger und Frère Max auf dem Zweiten Vatikanischen Konzil.

Dass nichtkatholische Gäste einbezogen wurden, war ein Zeichen kirchlicher Universalität. Der französische Theologe Yves Congar hielt in seinem Tagebuch fest, dass „die kleine Ansprache, die der Papst vor den Beobachtern hielt (…) herzlich, ganz einfach christlich ist. Wie auch immer, es ist überwältigend, dass es eine Rede gab, dass es Beobachter gibt, dass der Papst sie empfangen hat." Der Dominikaner, der als Berater am Konzil teilnahm, fährt fort: „Es ist passiert. ‚Sie' sind in Rom, zu Gast bei einem Kardinal und einer Einrichtung, die dem Dialog dienen soll; und ‚Chrétiens désunis' (‚Entzweite Christen'; ein bahnbrechendes Buch Congars) ist vor 25 Jahren erschienen."

Mit ihren weißen Gebetsgewändern sind die Brüder jeden Tag in der Konzilsaula anwesend und hören sich alle Redebeiträge an – was nicht bei allen Konzilsvätern der Fall ist, die sich manchmal in die Stadt absetzen. Tag für Tag, jeweils drei Monate über vier Jahre hinweg – eine lange Zeit! „Während der vier Konzilssessionen von 1962 bis 1965 habe ich nur an zwei Vormittagen gefehlt", erinnert sich Frère Roger kurz vor seinem Tod in einem unveröffentlichten Bericht. „Nachts las ich Schriften Teresas von Avila. Dort fand ich den Mut, weiterzumachen." Er räumt jedoch ein, nicht immer mit derselben Aufmerksamkeit bei der Sache gewesen zu sein, besonders bei Redebeiträgen, die kein Ende nahmen. Ganz Ohr ist er, wenn unter den Gewölben des Petersdoms Worte über die Weitergabe des Evangeliums an die Menschen von heute und über die Förderung des Friedens widerhallen. Er verfolgt leidenschaftlich die Vorarbeiten für das Dokument über „Die Kirche in der Welt von heute" mit, das zunächst „Schema XIII", dann „Gaudium et spes" genannt wird.

Bischöfe am Tisch der Brüder

Die Anwesenheit von Beobachtern beim Konzil gibt den Arbeiten eine ganz besondere Färbung, mehr noch aber spielt sie für die hinter den Kulissen geknüpften Beziehungen eine Rolle. Während der gesamten Dauer der Arbeiten bilden Frère Roger und Frère Max in Rom zusammen mit anderen, wechselnden Brüdern eine kleine Fraternität.

Unermüdlich Gäste einladen oder an Nachmittagen Gruppen von Bischöfen oder Seminaristen besuchen, darin besteht ihre Hauptbeschäftigung außerhalb der Konzilsaula. In ihrer Mietwohnung in der Innenstadt unweit der Piazza Venezia geben sich zahlreiche Besucher die Klinke in die Hand.

Die Konzilsväter werden eingeladen, an einer Gebetszeit und einem kargen Essen teilzunehmen. Ein Bonmot macht die Runde: „Wenn ihr von den Brüdern von Taizé zum Essen eingeladen werdet, könnt ihr ruhig schon vorher etwas zu euch nehmen!" Frère Roger gibt diese unbeschwerte Einfachheit ohne weiteres zu: „Die Mahlzeiten waren schlicht, aber fröhlich, manchmal fast ausgelassen. Es gab vor allem Reis und Tomaten-

sauce, ein wenig Wein, und wir fanden immer einige Blumen als Tischschmuck." Yves Congar hält in seinem Tagebuch fest: „Es gab kaum eine Mahlzeit, bei der die Brüder keine Gäste hatten, manchmal bis zu fünf oder sechs Bischöfe."

Die Tischgespräche verlaufen unterschiedlich, je nach der Herkunft der Gäste: Asiaten, Afrikaner, Europäer, Nord- oder Südamerikaner. Frère Roger sieht seinen alten Freund, den chilenischen Bischof Manuel Larraín, wieder, den er bei der Amtseinführung Johannes XXIII. im November 1958 kennengelernt hatte. Mit ihrem Interesse am Geschehen in fernen Ländern machen die Brüder Bekanntschaft mit vielen Konzilsvätern. Eine der tragfähigsten Freundschaften

Unter den Konzilsbeobachtern im Petersdom

entsteht mit dem brasilianischen Bischof Dom Helder Camara. In dessen Konzilsbriefen wird Taizé nicht weniger als 58 Mal erwähnt. Er beschreibt die Communauté und ihre Geschichte im Einzelnen: 52 junge evangelische Mönche, darunter acht Pfarrer. Er findet schmeichelnde Worte über den Prior … und ironische über den Rest der konziliären Versammlung: „Entweder ich irre mich schwer, oder Roger ist der reinste Heilige, den wir in der Basilika haben."

Unerwartete Gäste

Einer der Eingeladenen, der junge Weihbischof von Krakau und spätere Papst Johannes Paul II., Karol Wojtyła, schätzt die unbeschwerte Einfachheit ebenfalls sehr. Frère Roger lernt ihn vor dem Allerheiligsten in einer Seitenkapelle des Petersdoms kennen. Beide Männer beten dort still zusammen mit vielen Bischöfen, lange bevor die Versammlung beginnt. „Es war der Anfang von 43 Jahren ungetrübten Vertrauens, das bis zu seinem Tod anhielt", schrieb der Gründer von Taizé kurz nach dem Tod Johannes Pauls II. im März 2005.

Man konnte auch auf noch weniger erwartete Gäste treffen, etwa auf Bischof Francic von Split, einen der traditionalistisch orientierten Konzilsväter, oder auf Kardinal Ottaviani, eine Galionsfigur des konservativen Flügels der Kirche. Nichts Wesentliches konnte sich in Rom ohne die Erlaubnis des gefürchteten Präfekten des Heiligen Offiziums ereignen. Während der dritten Konzilssession, an einem Novembertag 1964, suchte Kardinal Ottaviani die Wohnung der Brüder auf. Im nächsten Jahr kamen mit seiner Zustimmung sechs andere Kurienkardinäle gemeinsam. Sie teilten die Meinungen des Anführers der Gegner des Konzilsgeistes und hielten dennoch froh gestimmt mit den Brüdern Mahl, nach der Art von Taizé. Schon am nächsten Tag war dieses ungewöhnliche ökumenische Ereignis Tagesgespräch in den römischen Kreisen.

Ottavianis Ja und Amen

Unglaublich, aber wahr: „Roger erhielt von Ottaviani, was er wollte", staunt Dom Helder Camara noch lange Zeit danach. „Ich glaube, dass der arme Kardinal darunter litt, dass sich alle vor ihm fürchteten. Roger nähert sich ihm wie ein Kind." Tatsächlich sagt der seinen Gesprächspartnern gegenüber oft unbeugsame Kardinal zu allem, worum ihn dieser „getrennte Bruder" bittet, Ja und Amen. Ein Ja dazu, dass in Taizé schon vor dem Konzil zwei Versammlungen abgehalten werden, an denen 1960 und 1961 zum ersten Mal seit Jahrhunderten Dutzende katholische Bischöfe und an die 60 evangelische Pfarrer teilnehmen; ein Ja dazu, dass in der Kirche der Versöhnung 1962 eine katholische Krypta eingeweiht wird; ein Ja, das es Katholiken gestattet, ab 1964 das Stundenbuch von Taizé zu verwenden; ein Ja dazu, dass sich bereits 1964 bei der Communauté eine Franziskaner-Fraternität niederlässt! Wie ist das möglich? Frère

Charles-Eugène meint: „Frère Roger hatte ihn seit 1950 immer wieder in Rom besucht und wusste, was ihm zu Herzen geht."

Der ausdauernde Brückenbauer hält auch enge Beziehungen zu Bischof Samoré, dem Vorsitzenden der päpstlichen Kommission für Südamerika. Es kommt sogar vor, dass Bischof Larraín Frère Roger darum bittet, das einflussreiche Mitglied der römischen Kurie aufzusuchen und etwas zu Gunsten der südamerikanischen Bischöfe zu erbitten, während er selbst still in einer Kirche darum betet, dass das Gespräch gut verlaufen möge.

Der Ring von Manoelito

Der Prior von Taizé war seit 1958 mit Bischof Larraín aus dem chilenischen Talca eng befreundet, den Dom Helder Camara in seinen Konzilsbriefen liebevoll „Manoelito" nennt. Manoelito kommt oft in die römische Wohnung der Brüder. An einem Tag im November 1963 ist er verhindert, lässt aber Frère Roger seinen Bischofsring überbringen. Er eilt an das Bett seiner sterbenden Mutter und beauftragt am Flughafen Dom Helder mit der Besorgung. Der Mitbegründer und Vizepräsident der südamerikanischen Bischofskonferenz will mit dem wertvollen Geschenk der besonderen ökumenischen Verbundenheit der Bischöfe seines Erdteils mit der Communauté de Taizé Ausdruck geben.

Das Zweite Vatikanum wird zum Schauplatz zahlreicher Annäherungen hinter den Kulissen, von symbolischen Initiativen mit oft beträchtlichen Folgen. So nimmt während des Konzils auch die von Taizé ausgehende „Operation Hoffnung" für die Armen in Südamerika Form an.

Eine „Operation Hoffnung" für Südamerika

Seit langem, und vermehrt seit der ersten Begegnung mit Bischof Larraín, beschäftigen Frère Roger die einschneidenden Probleme Südamerikas. Er spricht ausführlich mit den Pfarrern und Bischöfen darüber, die 1960 und 1961 zu den ökumenischen Treffen über die Evangelisierung in Taizé versammelt sind. Während 1962 die Einweihung der Kirche der Versöhnung vorbereitet wird, schlägt er ihren zukünftigen Besuchern eine Kollekte für die Ärmsten vor, die er „Teile dein Brot" nennt. Fast zur selben Zeit erfährt er, dass der chilenische Bischof dabei ist, auf dem Gelände seines Bischofssitzes eine landwirtschaftliche Genossenschaft ins Leben zu rufen. Sofort wird in der neuen Kirche von Taizé eine Ausstellung über die Armut in Südamerika aufgebaut.

Beim Wiedersehen in Rom zu Beginn des Konzils erzählt Frère Roger Bischof Larraín von der Kollekte „Teile dein Brot" für die chilenischen Bauern. Der Bischof schlägt vor, die Aktion auszuweiten. Zwei andere südamerikanische Prälaten, die im Dezember 1962 nach Taizé kommen, legen Wert darauf, dass die Aktion europaweit durchgeführt und auf andere landwirtschaftliche Genossenschaften in ganz Südamerika ausgedehnt wird. Frère Roger lässt sich überzeugen, möchte dieser Hilfestellung für die Ärmsten aber eine ökumenische Prägung geben. Sie soll durch katholische und evangelische Christen unterstützt werden, „um sich dadurch für die sichtbare Einheit der Christen und aller Menschen einzusetzen". Am 15. Mai 1963 gibt er die Initiative in Paris bekannt. Auf Anraten eines bekannten französischen Journalisten bekommt sie den Namen „Operation Hoffnung". Zunächst werden zwölf Landwirtschaftsprojekte verwirklicht; daraus gehen bald viele kleine Projekte hervor.

Bei der dritten Konzilsession schlägt Bischof Larraín vor, der Initiative auch eine geistliche Dimension zu geben: Die ärmsten Menschen in Südamerika sollen Ausgaben des Neuen Testaments erhalten. So werden in Taizé eine Million Taschenbücher in spanischer und eine halbe Million in portugiesischer Sprache hergestellt, die den sprachlichen Besonderheiten des Erdteils Rechnung tragen. Sie werden an die am meisten Benachteiligten verteilt. Die Operation Hoffnung geht, namentlich in Brasilien, auch nach Dom Helders Tod im August 1999 weiter.

Bischof Larraín, seit 1964 Vorsitzender der südamerikanischen Bischofskonferenz, kommt 1966 bei einem Verkehrsunfall ums Leben. Unter der Überschrift „Tod eines Vorläufers" verfasst Frère Roger einen Zeitschriftenbeitrag zum Gedenken des engen Freundes. Er erinnert an ihre fast täglichen Begegnungen während des Konzils: „Ich habe ihn für seinen Mut geliebt."

Das Konzil trägt zahlreiche Früchte, weit über die katholische Kirche hinaus. Am 8. Dezember 1965, dem Vorabend seines Abschlusses, geben Papst Paul VI. und der orthodoxe Patriarch Athenagoras zeitgleich in Rom und Konstantinopel eine gemeinsame Erklärung ab, in der sie das „Große Schisma" bedauern, das seit einem Jahrtausend Ostkirche und Westkirche trennt, und heben feierlich die gegenseitige Exkommunikation und die Verurteilungen auf. Dieses Ereignis ist nicht nur ein beachtlicher Schritt hin zur Einheit der Christen. Es hat auch entscheidenden Einfluss auf die Weiterentwicklung und Ausstrahlung der Communauté. Dennoch bleibt der Weg zur Einheit langwierig und voller Hindernisse.

In einem 1965 unter dem Titel „Dynamique du provisoire" (Die Dynamik des Vorläufigen) veröffentlichten Buch freut sich Frère Roger über die ökumenische Woge, die unermessliche Hoffnungen weckt. Aber schon zur damaligen Zeit befürchtet er, dass sie einbrechen könnte: „Wenn nicht bald der Tag anbricht, an dem sich alle, die an die Realpräsenz Christi in der Eucharistie glauben, auch wenn sie konfessionell noch getrennt sind, um denselben Tisch versammeln, wird die Woge des Ökumenismus wieder in sich zusammenfallen." Ein ständiges Anliegen für diesen Brückenbauer – und ein fortdauernder Zankapfel zwischen den Konfessionen.

Kardinal Bea, der das Buch am Ende des Konzils erhalten hatte, sucht eines Nachmittags zur Teezeit die Wohnung der Brüder auf. Er sieht, mit welchen Schmerzen ein solcher Satz über die Eucharistie verbunden ist, er geht ihm nahe und nicht mehr aus dem Sinn. Nun macht er einen erstaunlichen Vorschlag: „Ich könnte bei Papst Paul VI. die Zustimmung erwirken, dass die Brüder von Taizé die katholische Kommunion empfangen. Wenn ich ihn darum bitte, wird er es mir nicht verweigern." Frère Roger, der dies sehnlich erwartete, antwortet jedoch: „Um jede Polemik in den evangelischen Kirchen zu vermeiden, wäre es gut, wenn die Communauté nicht allein von solcher Offenheit begünstigt würde, wenn dies auch an zwei oder drei anderen Orten so gehalten werden könnte." Frère Charles-Eugène meint, Roger habe „diese Antwort später bedauert, weil sich solche Orte nicht finden ließen". Und entgegen der damaligen Hoffnung hat sich die Lage der Ökumene keineswegs rasch verbessert.

Zwischen Schrift und Tradition

Es ist ein indirekter theologischer Beitrag von Frère Roger und Frère Max an den Konzilsdebatten zu verzeichnen. 1966 erscheint bei „Les Presses de Taizé" ihr Buch „La Parole vivante au Concile" (Das lebendige Wort auf dem Konzil), das den Text und einen Kommentar der Dogmatischen Konstitution über die göttliche Offenbarung „Dei Verbum" enthält. Das Vorwort stammt von Henri de Lubac.

Der große Konzilstheologe und langjährige Freund der Communauté begrüßt die außerordentliche Umsicht, mit der die beiden Brüder das Konzilsdokument analysieren und kommentieren. Zwar bleiben zwischen evangelischen und katholischen Christen unterschiedliche Auffassungen über die Beziehung zwischen Schrift und Tradition bestehen; indem das Konzil aber klar herausgestellt hat, wie sich beide zueinander verhalten, hat es eine Wende in der Geschichte des Katholizismus vollzogen, weil es unumwunden feststellt, dass die Autorität der Kirche nicht über der des Wortes steht.

Der Weg der Einheit ist der Mensch

Vor dem Hintergrund einer solchen kritischen wie wohlwollenden Einstellung vollzieht sich Mitte der sechziger Jahre ein weiterer Schritt der Annäherung. Der Graben bleibt breit. Aber es gibt Menschen, die entschlossen sind, ihn zu füllen, indem sie immer wieder zusammenkommen und ihre Gewissheiten über den Haufen werfen. Während des Konzils notiert Dom Helder Camara bei einem Zwischenhalt auf dem Hügel, was in einem seiner Konzilsbriefe zu lesen ist: „Wenn Protestanten Taizé besuchen, fahren sie mit der Frage ab: Sind wir in jeder Hinsicht in der Wahrheit, wenn wir eine lange Tradition von 16 Jahrhunderten ausschließen? (Weil Taizé das monastisch geprägte Leben von Männern wiedereingeführt hat ...) Und die Katholiken überlegen nach der Abfahrt: Sind wir in jeder Hinsicht in der Liebe, wenn wir die Augen

Dom Helder Camara zu Besuch in Taizé, 1970

vor dem verschließen, was es außerhalb unserer Kirche an Heiligkeit gibt?"

„Ich war in Taizé", erzählte uns die französische Philosophin Marguerite Léna, „als 1963 südamerikanische Bischöfe aus Rom kommend Allerheiligen bei der Communauté verbrachten. Dom Helder und seine Gefährten stiegen aus dem Auto und umarmten Frère Roger.

Damals sagte ich mir: Genau so wird sich die Einheit vollziehen. Durch die Begegnung von Menschen." In der Zeitschrift „Aujourd'hui" ortet ein Bruder im Oktober 1964 den ökumenischen Dialog „zunächst nicht auf der Ebene von Ideen, sondern auf der des Glaubens, der Hoffnung und der Liebe, mit den Möglichkeiten des gemeinsamen Gebets, der brüderlichen Liebe, einfacher und bedeutsamer Gesten".

Die ersten großen Jugendtreffen

Die Jugendlichen irren sich nicht. Gegen Ende des Konzils kommen sie immer zahlreicher an diesen Ort der Versöhnung. Es gilt, sie aufzunehmen und zu versorgen. Nur die Kirche der Versöhnung ist ausreichend groß und das gemeinsame Gebet wesentlicher als alles andere, was die Brüder mit ihnen teilen können. Diese müssen sich jedoch erst auf die wachsende Anzahl von Gruppen einstellen, weil ihre Berufung eine Gastfreundschaft solchen Ausmaßes nicht vorsah. Für die Communauté ist es eine neue Herausforderung, für alle verfügbar zu sein und doch die Innerlichkeit monastisch geprägten Lebens zu bewahren. 14-tägige Lager, Arbeitsgemeinschaften genannt, sind jungen Männern vorbehalten. Hierbei sammeln diese Erfahrungen eines gemeinsamen Lebens, das dem der Brüder entspricht; sie nehmen am liturgischen Leben und an der praktischen Arbeit zur Errichtung einiger Gebäude für die Treffen teil. Es bleibt auch Zeit für geistige Arbeit. Zwei Grundlinien prägen die thematischen Einführungen und die Gespräche: die Ökumene, verbunden mit einem Aufruf zum gemeinsamen Engagement, und ein waches Interesse an der Welt der Armen. „Aujourd'hui" berichtet regelmäßig von Besuchen der Brüder in verschiedenen Ländern und dem Verlauf der „Operation Hoffnung".

1965, im letzten Jahr des Zweiten Vatikanischen Konzils, ist es 25 Jahre her, dass Frère Roger nach Taizé gekommen ist. Die Brüder greifen einen Begriff auf, den Johannes XXIII. gern verwendet hat, und nennen das Jahr „Aggiornamento 1965". Den ganzen Sommer über wechseln sich Gruppen von 60 jungen Katholiken und Protestanten verschiedener Nationalität ab. Sie sind im Nachbardorf Ameugny, einen Kilometer von Taizé entfernt, in einem Haus untergebracht, das die jungen deutschen Helfer während des Baus der Kirche der Versöhnung instand gesetzt hatten. Das Fest des 25. Jahrestages wird am Sonntag, den 21. August, begangen. Eine große Menge von Menschen aller Konfessionen findet sich mit Kirchenverantwortlichen aus aller Welt in Taizé ein. Eine Flut von Briefen und Telegrammen erreicht die Brüder. Die Communauté wird langsam auf internationaler Ebene bekannt.

6

Ende der sechziger Jahre: Nach allen Richtungen offen

In den sechziger Jahren öffnet sich die Communauté noch weiter über Grenzen hinweg, in einer zweifachen Bewegung: Sie will auf andere Menschen zugehen, besonders auf Menschen die leiden, und zugleich in Taizé so weit wie möglich Besucher aufnehmen. Vor allem Jugendliche, aber auch Ordensgemeinschaften gehen den Brüdern dabei zur Hand und teilen ihr Alltagsleben. Die Aufmerksamkeit für Menschen in Not zeigte sich bereits am Ende des Kriegs, als deutsche Kriegsgefangene sowie zwei Dutzend Waisen und traumatisierte Kinder aufgenommen wurden.

Die ersten Fraternitäten

Schon in den fünfziger Jahren, als die Communauté zwölf Brüder zählt, hält sie sich für stark genug, einige von ihnen zu entsenden, um die Lebensverhältnisse gering geachteter Menschen zu teilen. Zunächst in der näheren Umgebung, damit sie an jedem Wochenende auf einem Motorrad wieder zurückkommen können. 1951 wird die erste Fraternität dieser Art mit Frère Pierre und Frère Axel 30 Kilometer von Taizé entfernt in Montceau-les-Mines eingerichtet. „Sie versuchten, die Arbeitsbedingungen und Risiken der Bergarbeiter bis zum äußersten auf sich zu nehmen, und beteiligten sich an ihrem gewerkschaftlichen Kampf. Dies blieb nicht ohne Folgen", notiert später der spanische Biograf Frère Rogers, José Luis González-Balado. Plötzlich bleiben ihnen die Fabriktore verschlossen, und weil niemand

mehr sie beschäftigen will, muss der Versuch 1953 beendet werden.

In der Folge dieser dennoch für sinnvoll erachteten
Initiative werden weitere ähnliche Versuche unternommen, zunächst 1953 in Marseille und dann in ferneren
Ländern: 1959 in den Vereinigten Staaten, später in Brasilien und an der Elfenbeinküste. Der einschneidendste
Versuch findet von 1953 bis 1962 in Hussein-Dey statt,
im vom Krieg heimgesuchten Algerien. Hier sammeln
die Brüder in einem Armenviertel erste Erfahrungen mit
einem Leben unter muslimischer Bevölkerung. Weitere
folgen. Zwei Mitglieder der Communauté nehmen auch
am Noviziat der „Kleinen Brüder Jesu" von Charles de
Foucault in El Abiodh teil. Nach diesem Ort wird später das Gästehaus in Taizé benannt. Im Gedenken an
die Verbindung mit Dom Helder Camara und die erste
Fraternität der Brüder in dessen Diözese Recife-Olinda
in Brasilien heißt das Haus, das heute für die Familien-
treffen dient, „Olinda".

Unternehmungen in ganz Amerika

Das Zweite Vatikanische Konzil und die Beziehungen
zwischen den brasilianischen Bischöfen und Frère Roger
stehen am Anfang einer Initiative in diesem Land. „Sobald das Konzil zu Ende war", erzählt Frère Michel, der
über 40 Jahre in Brasilien lebte, „wollte Frère Roger, dass
den Bischöfen nach ihren Besuchen in Rom und in Taizé ein Gegenbesuch abgestattet werde. So unternahm

ich im November 1966 eine lange Reise durch Südamerika. Wir überlegten, uns in Chile niederzulassen, aber ein Benediktinerabt, der mit Dom Helder befreundet war, suchte uns auf und schlug vor, mit Mitgliedern seiner Gemeinschaft einen gemeinsamen Versuch brüderlichen Lebens zu beginnen. Von 1967 bis 1971 teilten Frère Bruno und ich unser Leben mit zwei brasilianischen Mönchen und arbeiteten an der ,Operation Hoffnung' Dom Helders mit."

Auch nach Nordamerika zogen Brüder. Die ersten Kontakte gingen auf einen längeren Besuch von Frère Roger und Frère Max 1955 in den Vereinigten Staaten zurück. In Chicago bildeten sechs Brüder von Taizé und sechs Franziskaner von 1966 bis 1971 eine feste Außenstelle.

Die handwerkliche Arbeit der Brüder

In Taizé ist von Anfang an klar, dass die Brüder ihr Leben durch ihrer Hände Arbeit verdienen. „Für die Communauté keine Spenden anzunehmen verschafft große Freiheit", stellen sie fest. Später verzichten sie auch darauf, persönliche Erbschaften anzutreten, und bringen diese in die Operation Hoffnung ein.

Während der ersten Jahre arbeiteten die Brüder in der Landwirtschaft, dann kommen schnell andere Aktivitäten dazu. 1949 richtet Frère Daniel eine Töpferwerkstatt ein, mit Töpferscheiben und selbst hergestellten Glasuren. Mit dem Eintritt Frère Erics im selben Jahr erschließt

sich das weite Feld der bildenden Kunst, samt einer Glas-
fensterwerkstatt. Er fertigt unter anderem die kleinen
quadratischen Fenster zu den christlichen Hochfesten in
der Kirche der Versöhnung an. 1954 kommt Frère Marc
dazu, der neben Glasfenstern auch Holzschnitte herstellt.
Vier Jahre später baut der gelernte Drucker Frère Domi-
nique eine kleine Druckerei auf. Gleichzeitig entsteht der
Verlag „Les Presses de Taizé",
wo im Lauf der Jahre zahlreiche Bücher Frère Rogers sowie

Die Anfänge in der Töpferei:
Frère Daniel, 1955

auch theologische, biblische und geistliche Werke anderer Brüder erscheinen. 1969 erlernt Frère Pierre-Étienne von einem jungen Ägypter die Herstellung hochwertiger Emaillearbeiten. Alle Produkte sind in der Verkaufsausstellung der Communauté erhältlich.

Heute wird in Taizé mit modernster Technik gearbeitet. Computertechnik hat auch hier überall Einzug gehalten.

Eine landwirtschaftliche Genossenschaft

Im Februar 1962 fällt die Entscheidung, im Dorf mit jungen Landwirten aus der Gegend eine landwirtschaftliche Genossenschaft, „Copex", genannt, zu gründen. Jeder Beteiligte bleibt Besitzer seiner Äcker, bringt aber Maschinen und Tiere in das gemeinsame Projekt ein. Zu dieser Zeit blüht der sogenannte „soziale Katholizismus". Unter dem Einfluss der im Mai 1961 von Johannes XXIII. veröffentlichten Sozialenzyklika „Mater et Magistra", die eine gemeinsame Nutzung der Güter nahelegt, überlässt die Communauté ihre 14 Hektar Land der Genossenschaft. Frère Alain, der nach Abschluss der Landwirtschaftsschule 1949 den Gutshof der Brüder übernommen hatte, vertritt die Communauté. 1954 wird er zum Vorsitzenden einer Milchgenossenschaft gewählt und löst Schwierigkeiten beim Verkauf dieses Produkts. Mit der Copex wird beherzt das Problem landwirtschaftlicher Kleinbetriebe angegangen.

„Eine genossenschaftlich geführte landwirtschaftliche Arbeit war hier damals kaum bekannt und sehr umstrit-

ten. Sie ermöglichte mir aber, weiterhin Landwirt zu bleiben", sagt Jean Dorin, Bürgermeister in Taizé und früher aktives Mitglied in der christlichen Landjugend. „Sie gab uns zudem Sicherheit, wenn jemand durch Krankheit ausfiel, und auch die Möglichkeit, einmal Urlaub zu machen."

Frère Alain, hier Ende der 50er Jahre, kümmert sich um die Landwirtschaftliche Produktionsgenossenschaft.

Ein orthodoxes Metochion in Taizé

Im Zuge der Öffnung, die das Konzil mit sich bringt, haben es katholische und orthodoxe Ordensleute leichter, Mitte der sechziger Jahre eine Zeit lang auf dem Hügel mitzuleben. Nach der Begegnung mit Patriarch Athenagoras 1962 wird in Taizé eine kleine orthodoxe Gemeinschaft eingerichtet, ein sogenanntes „Patriarchal-Me-tochion", also eine Vertretung der orthodoxen Kirche. Der griechisch-orthodoxe Pfarrer Damaskinos weiht es 1965 ein. Von Zeit zu Zeit leben dort weitere Mönche mit ihm zusammen. Sie führen ein eigenständiges ge-meinsames Leben, zunächst in einem Flügel des Gäste-hauses, dann in einem Haus im Dorf. In ihrer Kapelle feiern sie ihre eigene Liturgie, nehmen aber jeden Tag im Kreis der Brüder am Abendgebet in der Kirche der Versöhnung teil. Aus Anlass des Europäischen Jugend-treffens in Genf schreibt Metropolit Damaskinos 2007: „Patriarch Athenagoras hat mich nach Taizé gesandt. Und ich habe dort bis 1969 gelebt. Frère Roger war für mich wie ein Bruder und prägte mich für das ganze Le-ben; die Aufgeschlossenheit und Brüderlichkeit, die dort gelebt werden, haben mich ein Leben lang begleitet." Es sei eine Zeit vieler Besuche wichtiger orthodoxer Pfar-rer und Bischöfe gewesen, meint Frère Luc. 1969 muss Pfarrer Damaskinos Taizé verlassen, weil er zum Leiter des Schweizer Orthodoxen Zentrums in Chambésy be-stimmt worden war. Im darauffolgenden Jahr wird er zum Bischof ernannt, 1982 zum Metropoliten. Pfarrer Domitien, der zeitweilig das Leben der orthodoxen Fra-ternität geteilt hat, ist heute Metropolit in Bulgarien.

Der gemeinsame Weg mit den Franziskanern

Dank enger Kontakte zu den Minderbrüdern in Mâcon lässt sich etwa zur selben Zeit eine franziskanische Frater-

nität in Taizé nieder. Ab 1964 ist der Belgier Louis Coolen
für sie verantwortlich. Vier Ordensleute leben in einem
eigenen Haus, beteiligen sich an den Stundengebeten der
Communauté und an der Betreuung der Gäste. Es ist ein
starkes, seinerzeit vollkommen neues und bereicherndes
ökumenisches Zeichen. Das Zusammenleben gestaltet
sich jedoch nicht immer einfach, wie Bruder Louis in
einem im Selbstverlag erschienenen Buch schildert: Sobald die Fraternität auf Dauer eingerichtet ist, erkennt
Ortsbischof Lebrun in der Anwesenheit der katholischen
Ordensleute eine willkommene Verstärkung für die seel-
sorgliche Tätigkeit in einem Winkel seiner Diözese, der
seit langem ohne Priester ist. Unversehens wird Bruder
Louis ordentlicher Pfarrer der beiden Dörfer Taizé und
Ameugny. „Ich sprach mich dagegen aus", schreibt er,
„und beteuerte, dass ich als Ordensmann ohne Ausbildung für den Dienst in einer Gemeinde ungeeignet für
einen solchen Dienst sei. Es half alles nichts."

Neben vielen anderen Aufgaben tragen die Franziskaner den Gästeempfang der Brüder der Communauté
mit. Seinerzeit „war Taizé nachgerade ein ökumenisches
Labor", schreibt Coolen. So erleben sie die Besuche fast
sämtlicher großer Konzilstheologen mit. Und von Bischöfen vieler Länder: „An einem Sonntag im Winter
1964 betrete ich die Kirche zum Stundengebet", schreibt
er. „Ich sehe an der Wand entlang eine Gruppe chilenischer Bischöfe sitzen, unter Leitung ihres Vorsitzenden Bischof Larraín. (…) Ich spreche ihn an: Sie wissen
doch, dass das Konzil den Christen empfohlen hat, sich
im Gebet zu vereinen, gemeinsam zu beten; kommen

Sie mit und geben Sie ein gutes Beispiel." Nach kurzem Zögern setzt sich die Gruppe der Bischöfe, gekleidet in Soutanen mit violetten Schärpen, zum Stundengebet in die erste Reihe. „So änderte die katholische Kirche allmählich ihre Gewohnheiten", schließt der Franziskaner. „Und aus heutiger Sicht zeigt sich, dass solche kleinen Schritte allmählich einen langen Weg bildeten." Die Bischöfe waren (1965) aus mehreren lateinamerikanischen Ländern mit dem Erzbischof von Santiago, Kardinal Silva, auf Einladung während einer Pause des Konzils für vier Tage in Taizé; dort begegneten sie neben den Brüdern, die sie eingeladen hatten, auch 60 jungen Lateinamerikanern, die in Europa studierten.

Leiden unter der Trennung

Während dieser Zeit halten sich zahlreiche Franziskaner aus verschiedenen Ländern für einige Tage, Wochen oder Monate in Taizé auf, auch ihr Generalminister Pater Koser.

Pater Thaddée Matura bleibt mehrere Jahre und wird zum Vertrauten Frère Rogers. Mit großer Feinfühligkeit hilft er der Communauté, sich auf die Krise einzustellen, welche die Jugendlichen 1968 durchmachen.

Dennoch geht die Anwesenheit der Franziskaner in Taizé schon 1972 wieder zu Ende, weil das interkonfessionelle gemeinschaftliche Leben an seine Grenzen stößt. Die Entscheidung fällt an Ostern 1971. Noch haben die Brüder von Taizé nicht die Erlaubnis, die katholische

Kommunion zu empfangen; diese wird von Ortsbischof Le Bourgeois erst 1972 gewährt. So halten sie morgens einen eigenen Gottesdienst, während die Franziskaner den ihren am Nachmittag feiern. Die Verdoppelung der Gottesdienste können die Jugendlichen nicht nachvollziehen. Während die Brüder sich an das Verbot halten, die katholische Kommunion zu empfangen, beteiligen sich die Jugendlichen in einer gewissen Unübersichtlichkeit und großer Zahl an beiden Feiern. Hin- und hergerissen zwischen der Treue zu den Vorgaben seiner Kirche und seiner Leidenschaft für die Einheit beginnt Bruder Louis dies zu hinterfragen, wie er später in seinem Buch schildert: „Ist unser Auftrag hier nicht erfüllt? Heute Abend ist mir im persönlichen Gebet klar geworden, dass der Herr uns dazu ruft, uns zurückzuziehen, um der Communauté de Taizé das Feld zu überlassen, um es zu ermöglichen, dass sich in ihr Christen vereinen, die aus verschiedenen konfessionellen Horizonten kommen." Der Weggang der Franziskaner, der ohne Aufhebens geschieht, ist eine Wunde für die Brüder und ihren Prior. An der gegenseitigen Wertschätzung und Freundschaft ändert er nichts; es kommt immer wieder zu Begegnungen.

Die Mitarbeit von Ordensfrauen

Seit 1962 helfen Ordensfrauen in Taizé mit, weil der Zustrom der Besucher zunimmt. Sie wohnen in der Nähe, kümmern sich um die Gästebetreuung, um die Verkaufsausstellung und die geistliche Begleitung junger Frauen. In den sechziger Jahren sind es Borromäerinnen aus Lyon, Dominikanerinnen, Franziskanerinnen und zwei Schwestern der evangelischen Gemeinschaft von Grandchamp. Am wichtigsten und längsten ist die Mitarbeit der Schwestern von Saint-André, deren Mutterhaus im belgischen Tournai steht. Ihr Beitrag und die Ausstrahlung ihrer Oberin Mère Marie-Tarcisius wirken bis heute nach. Ignatianisch geprägt und von ökumenischer Feinfühligkeit suchen Mitglieder der Kongregation mehrere Male Taizé auf und sind von der dort herrschenden Aufgeschlossenheit und geistlichen Atmosphäre angetan. Sie laden den Prior in ihr Ausbildungshaus nach Löwen ein, erhalten seinerzeit aber nicht einmal eine Antwort.

Anlässlich der Gebetswoche für die Einheit der Christen und eines ökumenischen Kolloquiums reist Frère Roger im Januar 1966 in die belgische Universitätsstadt. Durch eine Verkettung von Umständen wird er im Haus der Schwestern untergebracht und lädt diese sogleich ein, sich in der Nähe von Taizé niederzulassen.

Seit über vier Jahrzehnten als Schwestern auf dem Hügel

Einige Schwestern ziehen 1966 dorthin, übernehmen die Verkaufsausstellung und bereiten die legendären Reismahlzeiten für die Pilger zu: „Eine Schüssel Reis, aber immerhin mit Tomatensoße!", schmunzelt Schwester Maria. Die Schwestern bewundern das kontemplative Leben in Taizé, und so beschließen Mère Marie-Tarcisius und die damalige Oberin, sich 1971 fest im Nachbardorf Ameugny anzusiedeln. Sie erwerben ein Haus. Dank Mère Marie-Tarcisius gewinnt es eine starke Ausstrahlung: häufige, bereichernde Gespräche mit der Communauté, Begleitung der jungen weiblichen Freiwilligen, 30-tägige Exerzitien und andere Rüstzeiten für ein Dutzend Brüder. Manche von ihnen begleitet die von tiefer Innerlichkeit geprägte Ordensfrau auch länger.

Im Haus von Ameugny stirbt sie im Jahr 2002. Alle, die ihr begegnet sind – darunter auch einer der beiden Autoren, der mit seiner Familie acht Jahre lang in einem Nachbarhaus wohnte –, erwähnen ihr außerordentliches Charisma. Eine tiefe Freundschaft verbindet sie mit Frère Roger, der ihr 1978 seine „tiefe Dankbarkeit für eine so starke Zusammenarbeit ohne jeden Schatten im gemeinsamen Dienst" ausspricht.

Als nach dem Fall der Mauer die Beteiligung junger Mittel- und Osteuropäer sprunghaft zunimmt, kümmern sich ab 1994 zusätzlich drei polnische Ursulinen um sie. Seit 2001 sind auch Vinzentinerinnen im Rahmen der Jugendtreffen tätig.

Der erste katholische Bruder

In der zweiten Hälfte der sechziger Jahre führt die Aufgeschlossenheit unter den Christen zum Eintritt des ersten katholischen Bruders in die Communauté. Dieser verläuft dennoch nicht reibungslos und erfordert nicht wenig Geduld. Die Ausdauer des jungen belgischen Medizinstudenten Jean-Paul und die schöpferische Umsicht von der Communauté nahestehenden Kirchenverantwortlichen können den einen oder anderen Widerstand in der Institution überwinden. Er hatte am ökumenischen Treffen in Löwen im Januar 1966 teilgenommen und war dann mit einer Gruppe von Freunden, die er auf einem Jugendlager kennengelernt hatte, nach Taizé gefahren. „Was Frère Roger in Löwen sagte, hat mich beeindruckt: Taizé ist eine Ansammlung von Schwachheit, die Christus besucht. Ich wollte unbedingt dorthin fahren." Im rauen burgundischen Winter und in der herzlichen, tiefgehenden Atmosphäre des gemeinsamen Gebets der Communauté klärt sich die Berufung des jungen Katholiken, der an der Schlichtheit und Schönheit des Stundengebets Gefallen findet. „Nachdem ich mein Studium beendet hatte, stellte ich mir die Frage nach der Berufung. Ich wollte nicht auf halbem Weg stehen bleiben. Ich suchte das Absolute. Taizé an sich war für mich nicht besonders anziehend, der Himmel war grau und damals war kein Mensch zu sehen. Aber ich spürte, dass dies der Ort war, an dem ich alles geben konnte. Und ich war empfänglich für seine Schönheit." Sehr bald, noch im Januar 1967, trifft er mit dem Prior zusammen. Doch was für den Studenten geklärt scheint, ist für Frère Roger keineswegs klar. Andere junge Katholiken waren bereits mit derselben Bitte an ihn herangetreten und hatten dieselbe Antwort erhalten: „Einem jungen Katholiken wird es von seiner Kirche nicht gestattet, in unsere Communauté einzutreten." Der Student findet sich nicht damit ab und macht einen Vorschlag: „Ich beende nun mein

Medizinstudium und könnte dann vielleicht in der Nähe der Brüder in Afrika leben." Seine Hartnäckigkeit geht Frère Roger nahe; er schlägt ihm einen viermonatigen Aufenthalt in Taizé vor, für die Mahlzeiten soll er allerdings zu den Franziskanern gehen. Der Student hat noch seinen Militärdienst abzuleisten, kommt aber immer regelmäßiger und entschlossener auf den Hügel zurück. Schließlich erreicht er sein Ziel. Frère Roger erbittet und erhält die Genehmigung des Pariser Erzbischofs und Vorsitzenden der französischen Bischofskonferenz, Kardinal Marty. So tritt Jean-Paul 1969 nach der Beendigung des Militärdienstes ohne Aufheben in die damals fünfzigköpfige Communauté ein. Als Frère Ghislain legt er 1972 sein Gelübde ab.

Ein starkes Symbol. Es schlägt eine neue Bresche in die Mauer zwischen den getrennten Brüdern. Und dennoch hat er nicht das Gefühl, ein bedeutender Vorläufer zu sein. „Es erschien mir als etwas ganz Natürliches. Ich trat als volles Familienmitglied bei. Unannehmbar wäre es für mich, wenn wir nicht zusammenleben könnten." Nach diesem ersten Eintritt steht der Weg gemäß dem Gewohnheitsrecht der römischen Kirche auch anderen jungen Katholiken offen. Am 20. Mai 1970 ist in der Tageszeitung „Le Monde" zu lesen: „Seit kurzem und mit Genehmigung Kardinal Marty sind zwei Katholiken Brüder; sie haben einen außerordentlichen Status. Der eine ist Belgier und als Arzt im Krankenhaus von Mâcon tätig; der andere ist Soziologe und kommt aus Kolumbien. Sie nehmen an allen Aktivitäten der anderen Brüder teil, außer am Abendmahl."

Der Eintritt katholischer Brüder stellt eine Wende dar: Die Natur der Gemeinschaft, die bisher nur evangelische und anglikanische Brüder umfasste, hat sich grundlegend verändert. Sie nennt sich nun „ökumenische" Communauté de Taizé. Frère Roger notiert damals in sein Tagebuch „Que ta fête soit sans fin" (Ein Fest ohne Ende): „Die Anwesenheit unserer katholischen Brüder führt uns aus den fruchtlosen ökumenischen Gesprächen heraus, die nicht in die Einheit münden. Sie konfrontiert uns mit der Frage, was die Einheit ist. Kann die Einheit aller Christen wiederhergestellt werden ohne ein sichtbares Zentrum, ohne einen Hirten für alle?"

7

Die Kehrseite
der Aufgeschlossenheit

Viele Kirchenverantwortliche aller Konfessionen haben der Communauté stets Freundschaft entgegengebracht. Dennoch bleibt die Geschichte von Taizé nicht von Missverständnissen und verpassten Übereinkünften mit den christlichen Institutionen verschont. Ihr zunehmender und zunehmend bekannt werdender Erfolg Ende der sechziger Jahre, ihre weitgehende ökumenische Öffnung und ihre prophetische, aber unbequeme Position zwischen allen Stühlen bringen ihr Aufforderungen zur Klärung von Sachverhalten, ja einander widersprechende Kritiken von eher identitätsbewussten Mitgliedern der katholischen und evangelischen Kirche ein.

Die ersten Schwierigkeiten ergeben sich mit den evangelischen Kirchen in Frankreich. Diese Spannungen rühren gleichzeitig von der unbefangenen Art der Brüder, in den reformatorischen Kirchen verwurzelt zu sein, und vom Minderheitenstatus dieser Kirchen in einem Land, in dem die geschichtlichen Beziehungen zum Katholizismus besonders tragisch verliefen. Das Verhältnis zu den skandinavischen und angelsächsischen Kirchen vor allem lutherischer und anglikanischer Tradition, die in ihren Ländern die Mehrheit bilden, stellt sich schon damals ganz anders dar. Ihre Kirchenverantwortlichen pflegen mit der Communauté stets vertrauensvolle regelmäßige Beziehungen.

Ein früher Streitfall mit französischen Reformierten

Das stets heikle Verhältnis der Communauté zum französischen Protestantismus reicht fast an ihren Ursprung zurück. Ab Mitte der sechziger Jahre gerät es in eine regelrechte Krise. Strittig sind weniger Fragen lehrmäßiger als vielmehr solche institutioneller Natur. Zeichnen wir die wesentlichen Etappen nach.

Im Bericht der Nationalsynode der reformierten Kirche von 1955 heißt es: „Es gibt Anlass, klarzustellen, dass sich alle, die annehmen, dass die Communauté de Taizé vollkommen in die reformierte Kirche integriert ist, im Irrtum befinden." Und in den folgenden Jahren erwähnen alle Nationalsynoden immer wieder die „angespannten, von Anfang an heiklen Beziehungen mit einer Institution, die außerhalb der reformierten Kirche gegründet wurde und behauptet, dass sie ihr nicht angehört". Damit stellt sich zunächst die Frage nach dem Status der Communauté. In den sechziger Jahren sind die Beziehungen mit den evangelischen Kirchenverantwortlichen noch weitgehend von Vertrauen geprägt. Die Communauté erhält nachhaltige Unterstützung, nicht zuletzt durch den Vorsitzenden des Kirchenbundes, Marc Boegner, in dessen Sarg bei seiner Beerdigung 1970 die Bibel und das Stundenbuch vom Taizé gelegt werden, das er täglich betete. Von 1955 bis 1965 verschlechtern sich die Beziehungen mit den Verantwortlichen der reformierten französischen Kirche zusehends. Ihr Vorsitzender, Pfarrer Pierre Bourguet, wirft dem Prior vom Taizé unter anderem vor, dass er „im Namen des ökumenischen Geistes" gegen den Proselytismus zwischen den Konfessionen Stellung genommen habe. Bourguet soll 1960 zu Frère Roger gesagt haben: „Auf diese Weise brechen Sie den Vormarsch des französischen Protestantismus."

1956 lehnt der Nationalrat der Reformierten Kirche die Bitte um die Ordination weiterer Brüder der Communauté ab. Ein Pfarrer könne sein Amt nur dann ausüben, heißt es, wenn er von den Engagements der Communauté entbunden werde. Die Brüder können diese Bedingung nicht akzeptieren und sehen sich zu ihrem Bedauern gezwungen, ihren Dienst in der evangelischen Kirchengemeinde von Mâcon aufzugeben, wo ein anderer Pfarrer ernannt wird. Die reformierten Kreise berufen sich darauf, dass die Wege der Communauté unvorhersehbar seien, und verweisen auf die entstandene „Bitterkeit", nachdem sie erst „durch die Medien von diesem Schritt erfahren" haben. Bei der Versammlung des französischen Protestantismus in Montbéliard 1960 macht sich die Verstimmung Luft.

Hinzu kommt, dass sich die Pfarrer Roger Schutz und Max Thurian auf einen besonderen, übernationalen Status berufen, der in den Statuten der Reformierten Kirche nicht vorgesehen ist. „Die Communauté versteht sich als eine ‚Familie', sie nimmt weder in Anspruch eine Gemeinde, noch eine Kirche zu sein", stellt der Prior von Taizé auf Anfrage fest. Damit steht sie tatsächlich außerhalb jeder juristischen Regelung. Dies bedeutet aber nicht, dass sie sich nicht an einen gewissen Rahmen und Anspruch hielte. Liest man die Regel von Taizé, so stellt man beeindruckt fest, dass darin nirgendwo ein juristischer Ausdruck vorkommt. Dadurch lässt sich kaum erkennen, dass es konkrete Bezugspunkte gibt. Dennoch kommen nirgendwo Zweifel auf, dass bestimmte Anforderungen nicht zwingend eingehalten werden. Im Übrigen beziehen sich die ersten Unstimmigkeiten mit reformierten Christen darauf, dass die Brüder 1949 in die Ehelosigkeit einwilligten und überhaupt ein Gelübde ablegten. Frère Roger schließt die Weihe verheirateter Männer zwar nicht vollständig aus, steht aber zur Radikalität monastischer Gelübde, zu denen auch das der Keuschheit zählt. Die damalige Meinungsverschiedenheit wird oft vorgeschoben; sie wirkt wie ein Vorwand, wenn man den Weg anderer „monastischer" Gemeinschaften im evangelischen Raum in Erwägung zieht, die sich – oft in Anlehnung an Taizé – ebenfalls zu einem Lebensengagement durchgerungen haben, ohne dass dies unüberwindliche Probleme aufwirft. Ein wesentlich einschneidenderer Beleg für die nun eher auf dogmatischer Ebene erfolgte Emanzipation ist die wiederholte Feststellung Frère Rogers, der Bischof von Rom habe einen Vorrang, sei „Hirte der Hirten", Garant der Einheit der Christen.

Zunehmende Verständigungsschwierigkeiten

Mitte der siebziger Jahre werden die Beziehungen zum protestantischen Kirchenbund Frankreichs noch schwieriger. Angesichts ihrer internationalen und ökumenischen Reichweite möchte die Communauté ihre

Mitarbeit bei der Abteilung „Gemeinschaftliches Leben" des Bundes beenden; dort werden Überlegungen angestellt, wie verschiedene Formen gemeinschaftlichen Lebens innerhalb der protestantischen Familie Frankreichs angenähert werden können. Auf diese Bitte soll der damalige Vorsitzende geantwortet haben: „Sie sind entweder drinnen oder draußen. Sie müssen sich entscheiden!" Ein Lutheraner versucht vergeblich, zu vermitteln. 1975 taucht die Communauté nicht mehr im Jahrbuch des Kirchenbundes auf. Im Grunde werfen die evangelisch-reformierten Christen Frère Roger vor, sich weit von ihrem Standpunkt in der Frage der Sakramente und der Liturgie entfernt zu haben, einfach zu „papistisch" geworden zu sein.

Eine Unterredung zur Verbesserung des Verhältnisses, am 26. September 1982 beim Sitz des Bundes unter dem Vorsitzenden Jacques Maury, bringt kein Ergebnis; die beteiligten Brüder erinnern sich an ein schwieriges, eher stürmisches Gespräch. Der Prior von Taizé hat zu der Frage Stellung zu nehmen: „Erkennst du noch das Erbe der Reformation an?" Frère Roger bejaht dies, fügt aber hinzu: „Ich erkenne auch den Geist und das Erbe der katholischen Kirche an." Ein Bruder von Taizé kann sich im Blick auf die Gesprächspartner die Bemerkung nicht verkneifen: „Sie blieben dem römischen Heiligen Offizium nichts schuldig."

„Zur Vorbereitung der Unterredung hatten wir Frère Roger einen Fragenkatalog zugeschickt", erinnert sich Jacques Maury. „Vielleicht war es unser Fehler, zu eng gefasste Fragen zu stellen, die eine Klärung herbeiführen sollten. Denn Frère Roger fasste sie als ein Verhör auf. Das Gespräch wurde dann durch die Tatsache erschwert, dass er nicht direkt auf die Fragen antwortete oder sie in einen anderen Zusammenhang stellte, um sie zu überspielen." Beide Seiten geben zu, dass es ein unfruchtbares Gespräch gewesen ist, bei dem zwei völlig unterschiedliche Logiken zum Tragen kamen.

Zwei völlig unterschiedliche Wege

„Dass sich Taizé von der protestantischen Familie entfernte und der katholischen Kirche annäherte ist letztlich das Ergebnis von zwei völlig unterschiedlichen Wegen", meint der evangelische Pfarrer Michel Leplay, der 40 Jahre lang Mitglied der ökumenischen Theologengruppe von Dombes war. „Während der Protestantismus seinerzeit in seiner liberalen Entwicklung vor der Frage nach seiner Identität stand und stark von den kulturellen und gesellschaftlichen Gegebenheiten geprägt war, suchte Taizé, das sich niemals dazu verstand, eine ‚Dritte Kirche' ins Leben zu rufen, eine geschichtliche Verankerung. Es war für die Communauté nötig, an eine tief verwurzelte Kirche angebunden zu sein, die breiter angelegt war als der sich in der Minderheit befindende französische Protestantismus. Auf diese Weise hat sie allmählich das Gepräge der großen Kirche übernommen."

Diese Sicht der Dinge bezieht sich auf die Tatsache, dass der an sich selbst zweifelnde französische Protestantismus Schwierigkeiten hatte, die internationale und universale Berufung der Communauté zu integrieren, welche in mehrfacher Hinsicht eigene Wege ging. „Die Annäherung an die katholische Kirche wurde durch die freundschaftlichen und vertrauensvollen Beziehungen erleichtert, die sich zu den verschiedenen Päpsten entwickelten, aber vielleicht auch durch die Vereinnahmung der Taktiker in der Kurie", schreibt der Pfarrer in seinem Beitrag mit dem Titel „Taizé, eine andere Ökumene" in der Zeitschrift für protestantische Geschichte in Nîmes weiter. „Mussten die zum Ausdruck gebrachte brüderliche Ehrerbietung und die ergebene Anerkennung zu einer Art Unterordnung unter den Nachfolger Petri führen?" Immerhin war Frère Roger der einzige evangelische Christ in der Geschichte, der zum Vertrauten von drei Päpsten wurde.

Widersprüchlichkeiten bei den Katholiken

Alle Päpste, von Johannes XXIII. bis Benedikt XVI., über Paul VI. und Johannes Paul II., haben die Communauté de Taizé unterstützt. Von der Gesamtheit der Verantwortlichen in den römischen Behörden und gewissen katholischen Kreisen lässt sich dies jedoch nicht behaupten. Eine Gemeinschaft, die wie jene von Taizé aus dem Rahmen fällt, gab häufig Anlass zu Unverständnis und Missverständnissen. „In Rom werden die Menschen und Gruppen unweigerlich in Schubladen gesteckt", bestätigt Bischof Daucourt, von 1984 bis 1991

Mitglied des päpstlichen Rates zur Förderung der Einheit der Christen. „Und die Verantwortlichen in den Dikasterien wussten nicht, wo man diese nirgendwo einzuordnende Communauté unterbringen sollte. Diese Frage bereitete einigen Kirchenmännern erhebliches Kopfzerbrechen." Im Übrigen wurde die ökumenische Communauté von den Katholiken lange als evangelisches Experiment aufgefasst. Dass beispielsweise die romanische Dorfkirche Ende der fünfziger Jahre von ihr genutzt werden konnte, führte dazu, dass konservative Kreise, die in Rom Gehör fanden, Druck ausübten. Die Wahl von Papst Johannes XXIII. setzte solchen Drohungen ein Ende, aber nicht unbedingt späteren Verdächtigungen von Seiten römischer oder ultramontaner Kreise.

Mit Beginn der siebziger Jahre gerät die Communauté, die sich nicht zu schade gewesen ist, das Aufbegehren einer beunruhigten und sich auflehnenden Jugend zu begleiten, in den Fokus der Medien – und damit in die Schusslinie von Kritikern aus beiden damaligen Flügeln der katholischen Kirche. Mehr als 40 Jahre hindurch gibt Taizé nach Auffassung einer nicht zu vernachlässigenden Zahl von Katholiken in Frankreich, und modifiziert auch in anderen Ländern, ein doppeltes Bild ab: Die Konservativeren geißeln den Mischmasch bei den „linksorientierten" Jugendtreffen, und der politisch engagierte Klerus bezichtigt diese zusammen mit den Gliederungen der katholischen Aktion des Rückzugs in die Innerlichkeit, der sich besonders in den „kuscheligen" gemeinsamen Gebeten widerspiegele.

Manchmal wirkt der Hügel tatsächlich wie ein aus-
gelassenes Jugendfestival à la Woodstock. Als solches
behandeln – weitgehend unberechtigt – die Medien die
Treffen, ein Ruf, der nur schwer wieder loszuwerden ist.
Die Communauté bleibt indes auch immer im Gebet
und in der Schrift verankert, während die Seelsorge im
Umfeld der Schule und die französischen katholischen
Jugendverbände bis in die achtziger Jahre hinein lieber
Debatten über Probleme in der Gesellschaft, über Ras-
sismus und Arbeitslosigkeit führen. „Wenn ich damals
sagte, dass ich nach Taizé fahre", erinnert sich Gérard
Daucourt, der heutige Bischof von Nanterre, „staunten
meine Mitbrüder in Montbéliard nur. Sie fragten mich:
Was willst du denn dort, an einem Ort, an dem man
sich ins Gebet flüchtet?"

Eine Vorladung beim Heiligen Offizium

Die Bewegung vom Mai 1968 trägt dazu bei, Infrage-
stellungen und Widerstände auch bei den Jugendtreffen
zu verschärfen. Diese Rebellion gegen die Institutionen,
die man allenthalben in der Gesellschaft beobachten
kann, erreicht Taizé 1966 mit dem ersten großen Treffen
von 1400 Jugendlichen. Eine Gruppe von Teilnehmern
schickt sogar eine „Denkschrift" nach Rom, die sich gegen die Verweigerung der Interkommunionen richtet,
welche das Sekretariat für die Einheit der Christen gerade veröffentlicht hatte. Frère Roger greift die Fragestellungen der Jugendlichen mit Bedacht auf und bündelte

sie zum Thema „Kampf und Kontemplation", das Taizé mehr als ein Jahrzehnt prägen wird. Die neue Generation, insbesondere die Deutschen, Italiener, Spanier und in geringerem Maße die Franzosen, sehen in dem von der Communauté eingeschlagenen Kurs eine alternative Form der Kirche, ein Gegenmodell zu einer Institution, die als allzu mächtig und monolithisch beurteilt wird.

Mit der wachsenden Teilnehmerzahl Jugendlicher bei den Treffen auf dem Hügel und dem Eintritt katholischer Brüder in die Communauté wächst Mitte der siebziger Jahre die Besorgnis im Vatikan. Insbesondere in der Kongregation für die Glaubenslehre, bei deren Sekretär Monsignore Jérôme Hamer: Sind die schwer zu kontrollierenden ökumenischen Aktivitäten des Priors von Taizé noch tragbar? Ist es nicht besser, wenn alles, was dabei zum Katholizismus gehört, der Verantwortung des Bischofs von Autun unterstellt wird? Letztlich dreht sich alles um diese Frage. Frère Roger wird für den 29. und 30. April 1974 nach Rom einbestellt. Mit Frère Max, Frère Robert und Frère Charles-Eugène begibt er sich dorthin. Vonseiten der Kurie sind der kroatische Kurienkardinal Franjo Seper als Vorsitzender der Kongregation und Monsignore Hamer anwesend. Auch Monsignore Möller und Kardinal Willebrands, der Sekretär und der Vorsitzende des Sekretariats für die Einheit der Christen, sowie Kardinal Garonne, Vorsitzender der Kongregation für die Glaubenserziehung, und Bischof Le Bourgeois von Autun nehmen daran teil.

Es ist kaum ein ermutigendes Vorzeichen, dass die Unterredung in demjenigen Raum stattfindet, in dem früher das Heilige Offizium seine Gerichtsverhandlungen abhielt. Das Gespräch gestaltet sich schwierig: „Wir mussten ausführlich unsere Loyalität hinsichtlich der katholischen Kirche darlegen", berichtet einer der Brüder. Der Prior von Taizé muss über seine Haltung bezüglich der katholischen Jugendlichen Rechenschaft ablegen; letztere werden von Beamten der Kurie unter den Verdacht gestellt, sich von ihrem überlieferten Glauben wegziehen zu lassen. „Dies trifft nicht zu", erklärt Frère Roger. „Im Gegenteil, sie werden eingeladen, in ihrem Engagement in ihrer Kirche noch weiter zu gehen." Zu seinem Verständnis der Interkommunion führt er aus: „Die Communauté verlangt sie nicht in einer ausgesprochenen Symmetrie; jeder bringt die Gaben ein, die er empfangen hat." Der Vorsitzende der Kongregation für die Glaubenslehre, Kardinal Seper, ein persönlicher Freund Frère Rogers, hört aufmerksam zu und beendet die Versammlung, indem er dem Prior von Taizé das Vertrauen ausspricht. Zwei Tage später wird Roger von Paul VI. empfangen; dieser bedeutet ihm, dass er von seiner Einbestellung nicht unterrichtet war. Er spricht ihm erneut sein volles Vertrauen aus und teilt ihm mit, dass er zur Eröffnung des Konzils der Jugend vier Monate später einen persönlichen Abgesandten schicken wird. Es ist Kardinal Johannes Willebrands.

„Frère Roger hat diesen Zwischenfall bis an sein Lebensende nicht verwunden. Er wollte niemals öffentlich darüber reden", sagt Frère Charles-Eugène. Der Prior hält lediglich in seinem Tagebuchband „Aufbruch ins Ungeahnte" fest: „Es wäre so bequem, sich der Presse gegenüber zu den Schwierigkeiten zu äußern, denen wir bei manchen leitenden Persönlichkeiten in den kirchlichen Institutionen begegnen. Das würde uns sofort Sympathien einbringen, aber wir würden es uns damit zu leicht machen. Es würde bedeuten, der Gemeinschaft im Leib Christi entgegenzuarbeiten. In solchen Zeiten zu schweigen ist eine Form der Askese. Man muss versuchen, den Gegenspieler zu verstehen, dann wird sich vielleicht eines Tages wider alle Erwartung ein Dialog von Mensch zu Mensch entspinnen, und alles wird sich klären."

8

Die ersten großen Jugendtreffen (1965–1975)

August 1974: 40.000 Jugendliche strömen auf den burgundischen Hügel, der zum Kultort einer Generation auf der Suche nach Hoffnung geworden ist. Am 30. August wird hier das „Konzil der Jugend" eröffnet, bei dem sich mehr als hundert verschiedene Nationalitäten begegnen. Taizé ist der Schmelztiegel der Engagements und Revolten „einer unruhigen und verletzlichen Jugend", die nach „Echtheit, Gerechtigkeit und Freundschaft" sucht, wie damals ein Journalist in „Le Monde" schreibt. Das bahnbrechende Ereignis ist an Ostern 1970 angekündigt worden und stellt den Schlussakkord eines Jahrzehnts mit vielen Umbrüchen in Gesellschaft und Kirche dar.

Beim Konzil der Jugend fließen drei unterschiedliche, aber aufeinander bezogene Phänomene ineinander: die immer beachtlichere Zahl Jugendlicher, die nach Taizé kommen, die Bewegung vom Mai 1968 mit ihren unzähligen Folgeerscheinungen und die Zeit des Wartens nach dem Zweiten Vatikanischen Konzil, die allmählich Ungeduld und Enttäuschung aufkommen lässt.

Jedes Jahr mehr Jugendliche

In den sechziger Jahren erlebt die Communauté, dass immer mehr Jugendliche verschiedener Kulturen und Weltanschauungen den Weg zu ihr finden. Sie ist auf diese friedliche und zugleich unruhige „Invasion" zwar nicht vorbereitet, versteht es aber, sich pragmatisch darauf einzustellen. Mitte der sechziger Jahre sieht sie sich gezwungen, ihre Gastfreundschaft auszuweiten und noch konsequenter zu praktizieren. Nun taucht der Begriff „Permanents" für junge Freiwillige auf, die längere Zeit bei den Jugendtreffen mithelfen. „1400 Jugendliche in Taizé, das bedeutet, dass man alle unterbringen, mit Essen versorgen und auch befördern muss", unterstreicht die kleine Zeitschrift der Communauté nach der ersten internationalen Jugendversammlung vom 2. bis 5. September 1966. An ihr können sich zum ersten Mal junge Männer und Frauen zusammen beteiligen, nachdem vorher – Mönchtum verpflichtet – nur Jungen an Rüstzeiten oder Baulagern teilnehmen konnten. „Der Hügel ist mit Zelten übersät, Busse fahren durch das Dorf, in dessen Umkreis auf zehn Kilometer jeder verfügbare Raum, vom Keller bis zum Speicher, in einen Schlafsaal verwandelt wurde. Keine Ungeduld, keine Unordnung angesichts des Organisationstalents der 70 Jugendlichen des Empfangsteams, die unermüdlich für alle im Einsatz sind."

Der Beitrag der jungen Freiwilligen

Die Freiwilligen sind von nun an Teil der Landschaft von Taizé. Junge Männer und Frauen entscheiden sich, für längere Zeit den Brüdern und Schwestern unter die Arme zu greifen. Sie kümmern sich um die praktischen Aufgaben bei den Treffen, die Durchführung der Reinigungsarbeiten, die Zubereitung von Mahlzeiten, die Erläuterungen für die Gruppen in vielen Sprachen, einen Teil der Thementreffen usw. Im Gegenzug erhalten sie freie Unterkunft und Verköstigung, aber keinen Lohn. Erst viel später können Jugendliche aus Ländern wie Deutschland in Taizé Schul- oder Studienpraktika oder einen Ersatz für den Zivildienst bzw. eine Art Freiwilliges Soziales Jahr ableisten.

Sie stehen nicht alleine da, sondern werden alle von einem der Brüder oder einer der Schwestern begleitet und lernen sich untereinander in ihren Wohnbereichen näher kennen. Manche von ihnen finden in Taizé ihre Berufung. Die Schwestern richten für sie einen Treffpunkt ein, an dem sie jederzeit ein warmes Getränk und ein offenes Ohr finden. Zu den Freiwilligen gehören zeitweise auch einige Familien die sich insbesondere um das Erwachsenentreffen kümmern, welches ebenfalls anwächst. Über die Jahre nimmt die Zahl der Freiwilligen, die von einem Monat bis weit über ein Jahr bleiben, ständig zu.

Auf diese Weise mögen in den letzten Jahrzehnten 6000 bis 7000 junge Leute in Taizé mitgearbeitet haben. Sie bleiben mit der Communauté in Verbindung. Manche finden dort ihren Partner; nicht wenige kommen mit ihren Kindern wieder. Alle berichten, während des Aufenthaltes unersetzliche Erfahrungen gesammelt zu haben, die sich oft auch später im Berufsalltag einsetzen ließen: „Es ist eine gute Schule für Organisationstalent und internationale Aufgeschlossenheit", meint einer von ihnen. Ein anderer, mittlerweile Personalchef in einem Medienkonzern, stellt fest: „Ich habe damals Aufgaben übernommen, auf die ich in keiner Weise vorbereitet war, zum Beispiel habe ich Schwerbehinderte betreut. Dies erwies sich als unschätzbare Erfahrung. Es gab auch Arbeiten, die einem lästig erschienen wären, hätte man nicht ihre Nützlichkeit erkannt. So tüteten wir zum Beispiel begeistert Tausende von Briefen ein. Mir wurde damals bewusst, wie wichtig es ist, das Gefühl zu haben, dass man sich einbringen kann. Die einfachsten Arbeiten können ein Zusammengehörigkeitsgefühl vermitteln, sobald ihr Sinn deutlich wird."

Vor dem Horizont dumpfer Auflehnung

Ab 1966 wurden die Jugendtreffen besser angekündigt und organisiert: „Großes Internationales Jugendtreffen nächstes Jahr in Taizé, vom 31. August, 17.00 Uhr, bis 3. September, 16.00 Uhr: ‚Aus Christus für die Menschen leben'." „Für uns ist die Ökumene Berufung, Leben, und nicht zusätzliche Institution", wird dazu in der kleinen Zeitschrift von Taizé erläutert. „Wir drängen auf die Versöhnung der Getauften in absehbarer Zeit."

Ende 1966 entstehen in dieser Generation Ungeduld und eine dumpfe Auflehnung. Frère Roger entgeht das nicht: „Seit diesem Jahr sagte er immer wieder zu uns, dass es in der jungen Generation bald zu einer Entladung kommen werde, unter schwerem Protest, und dass wir uns als Communauté darauf vorzubereiten hätten, diese neue Etappe im Leben der Kirche mit den Jugendlichen gelassen anzugehen", erzählt Frère François. Im Januar 1967 halten der Prior und einige andere Brüder ein Abendgebet in der Pariser Innenstadtkirche Saint-Germain-des-Prés. Sie wohnen mitten im Quartier Latin, am Brennpunkt einer fragenden Jugend auf der Suche nach Sinn und Hoffnung. „Wir wurden in eine Zeit ständiger und beschleunigter Veränderungen geworfen, worauf wir nicht vorbereitet waren", schrieb damals eine junge Französin in einem Buch, welches das Konzil der Jugend vorbereitete. „Und nun stehen wir da, mit all unseren Fragen und unserer Angst." Im Oktober 1967 wird in „Aujourd'hui" das Thema „Die Gewalt der Friedfertigen" ausgegeben – bald Titel eines weiteren Buches von Frère Roger: „Des Reiches Gottes bemächtigen sich die Gewaltsamen. (...) Worin besteht aber diese Gewalt, wenn es im Evangelium heißt: Glücklich die Sanftmütigen, die Friedfertigen?"

Der Schock des Jahres 1968

Die Krise, die 1968 in Frankreich ausbricht und auf die Nachbarländer übergreift, kann die Communauté nicht gleichgültig lassen. Im Frühjahr tritt im Land ein fast vollständiger Stillstand ein, so dass man kann nicht mehr mit öffentlichen Verkehrsmitteln nach Taizé gelangen kann. Der Hügel ist kaum bevölkert. Auch den Brüdern ist das Reisen verwehrt; sie verfolgen die Ereignisse über den Rundfunk. Ab dem Frühsommer stellen sich dann Besucher in unerhörter Vielfalt ein. In der Zeitschrift von Taizé heißt es im Oktober 1968: „In diesem Sommer waren Menschen aller Art in Taizé. Es gab unerbittliche Vertreter der Gewaltlosigkeit, die manchmal aggressiv wurden, und genauso entschiedene Vertreter von Gewalt, die friedlich blieben." Es handelt sich mehrheitlich um Studenten, die den Barrikadenkampf in Paris „überstanden" haben. Unter ihnen sind aber auch junge Arbeiter, bewusste Christen oder Jugendliche „auf der Suche", mehr oder weniger entschiedene Marxisten, Jugendliche mit anderen Überzeugungen und völlig Unbedarfte – ein Sammelsurium von jungen Menschen.

Dass zahlreiche Jugendliche verschiedener Nationalität gekommen sind, ermöglicht es, das Treffen über die Themen der französischen Protestgruppen hinaus auf eine breitere Erfahrungsbasis zu stellen. In den Gesprächen wird die kritische Lage in Biafra und in der Tschechoslowakei angeschnitten. Der Protest in einer Konsumgesellschaft relativiert sich angesichts der grundlegenden Bedürfnisse nach Sicherheit und Freiheit Jugendlicher in Ländern, in denen sie diese entbehren. Und weiterhin gibt das Gebet den Tagen ihren Rhythmus.

„Eine Herausforderung: Hoffen", schlägt Frère Roger für 1969 als Thema vor. „Hoffen heißt nicht aus der Wirklichkeit flüchten. (…) Heißt mit offenen Augen weiterleben, suchen, vertiefen, Neues schaffen, Vertrauen schenken, warten. Und wissen warum", liest man in der Januar-Ausgabe von „Aujourd'hui".

Eine „Fröhliche Nachricht"

In der Novemberausgabe 1969 schreibt er: „Wir halten die Zeit für reif, eine umfangreiche Befragung durchzuführen und am Ostertag 1970 gemeinsam eine ‚Fröhliche Nachricht' zu verkünden."

Auf dem Zweiten Vatikanischen Konzil hat Frère Roger die junge Argentinierin Margarita Moyano kennengelernt, die dort als Hörerin teilnahm. Sie gestaltet nun die Jugendtreffen mit, und um sie versammelt sich eine internationale Gruppe Jugendlicher, um diese Nachricht zu formulieren. Ein Journalist hält fest: „Zwischen den 70 Brüdern der Communauté und Jacques, Cathérine, Marcello, Ndaywel, Angelina und Moïz gibt es tausend Unterschiede, (…) aber in allen schlägt dasselbe Herz, das die Zellen des unermesslichen Leibes Jesu Christi mit neuem Blut versorgt." Bevor die „Fröhliche Nachricht" niedergeschrieben wird, beten, überlegen und hören sich die Jugendlichen um. Dem Wort der Völker auf der südlichen Erdhalbkugel soll Vorrang gegeben werden. Es ist nicht einfach, die Forderungen der Südamerikaner, die darauf pochen, dass die Kirche österlicher wird und auf alle Machtmittel verzichtet, mit denen der jungen Afrikaner und Asiaten, welche die Werte der Gemeinschaft, des Miteinander-Teilens und des Festes unterstreichen, zu vereinbaren.

Am Ostersonntag 1970 wird vor 2500 Jugendlichen aus 35 Nationen, die in der Kirche der Versöhnung versammelt sind, die „Fröhliche Nachricht" verkündet: „Der auferstandene Christus kommt, um im Innersten des Menschen ein Fest lebendig werden zu lassen. (…) Er wird uns bereit machen, unser Leben hinzugeben, damit der Mensch nicht mehr Opfer des Menschen sei."

Danach kündigt Frère Roger an, dass ein Konzil der Jugend abgehalten wird. Ein „Konzil" um ein Ereignis der Kirche zu leben, das ihren Frühling vorbereitet.

„Die Idee dazu kam angesichts eines Misserfolgs, angesichts der Sackgasse, in der sich die ökumenische Berufung befindet", erklärt er. „In dieser Lage fragte ich mich: was können wir tun? Die Ökumene ist an ihre Grenzen gestoßen. Wer wird den Durchbruch wagen?" Bei einer Privataudienz am 17. Dezember 1969 hatte er Papst Paul VI. vorsorglich zu Rate gezogen. Dieser hatte geantwortet: „Setzen Sie es in Bewegung!". Am 19. April 1970, drei Wochen nach der Ankündigung, sagt der Papst beim sonntäglichen Angelus-Gebet: „Wir schauen mit Respekt und Sympathie auf Taizé."

Die Vorbereitung des Konzils der Jugend

Die Vorbereitung dieses „Konzils" für die Jugendlichen dauert viereinhalb Jahre. Schon vorher finden die verschiedensten Jugendtreffen auf allen Erdteilen statt. In Taizé wird dabei jedes Jahr ein anderes Thema bearbeitet: „Unser Leben hingeben, damit der Mensch nicht mehr Opfer des Menschen sei" (Ostern 1971); „Phantasie und Mut, um Zeichen des Widerspruchs gemäß dem Evangelium zu werden" (Ostern 1973); „Kampf und Kontemplation, um Menschen der Gemeinschaft zu werden" (Ostern 1973). „Kampf und Kontemplation" heißt auch der Tagebuchband, den Frère Roger im selben Jahr veröffentlicht.

Zahlreiche nicht gläubige Jugendliche oder junge Mitglieder anderer Religionen fühlen sich durch die Vorbereitung angesprochen. Ein Muslim aus Nordafrika schreibt einige Tage vor Ostern 1970: „In Taizé konnte ich über alles sprechen, von der Zukunft der Menschen, der Religionen, ihrer Übereinstimmungen. Dort gab es keine Rassen, keine Sprachen, keine Spaltungen mehr."

„Der Tag ist gekommen"

Am Ostersonntag 1974 wird der Eröffnungstermin des Konzils angekündigt: Es soll vom 30. August bis 1. September desselben Jahres stattfinden. Schon am Freitag, dem 30. August, strömen Tausende Jugendlicher jeglicher Horizonte nach Taizé. „Ihre Kleidung, ihre Gesichter, ihre Herkunft und ihre Beweggründe sind so vielfältig wie ihre Sprachen", schreibt ein Journalist. Junge Franzosen hatten an der Versammlung der katholischen Landjugend im Juli und dann an einem Musikfestival Anfang August teilgenommen. Und jetzt sind sie auch nach Taizé gekommen.

Punkt 19 Uhr läuten in der Schwüle des Sommers die Glocken. In einer weit aufgespannten Kathedrale aus Zeltbahnen, neben der die Kirche der Versöhnung auf der anderen Straßenseite wie eine Kapelle erscheint, lässt sich Frère Rogers Stimme vernehmen: „Der Tag ist gekommen, nach einer langen Wartezeit! (...) Und letztlich haben Vertrauen und Liebe alles geprägt." Darauf folgt ein langes Gebet für die Menschen auf der ganzen Erde.

Ein Gewitter entlädt sich, und es regnet die ganze Nacht. Nach Berichten aus verschiedenen Erdteilen werden die Klagerufe vom Karfreitag gesungen. Frère Roger kündigt an, dass er nach Chile reisen wird, wo kurz

zuvor ein Staatsstreich stattgefunden hat. Am Samstagabend beginnt nach weiteren Berichten ein gemeinsames Gebet der Auferstehung. Am Sonntag werden zahlreiche Botschaften von Kirchenverantwortlichen verlesen: vom Papst, vom Patriarchen von Konstantinopel, vom Erzbischof von Canterbury, vom Generalsekretär des Weltkirchenrates, vom Ratsvorsitzenden der Evangelischen Kirche in Deutschland. Der Wiener Erzbischof, Franz Kardinal König, ergreift das Wort und grüßt insbesondere „alle, die nicht glauben oder den Glauben verloren haben, alle, die Atheisten sind oder zu sein glauben."

Bei ihrer Abreise haben die Jugendlichen den ersten „Brief an das Volk Gottes" im Gepäck: „Kirche, was sagst du von deiner Zukunft?"

August 1974: Eröffnung des Konzils der Jugend. Neben Frère Roger steht Giuseppe Roncalli, Bruder von Papst Johannes XXIII.

Gemischte Gefühle und eine Schlüsselfrage

Für befreundete Beobachter werfen die drei Tage allerdings eine ganze Reihe von Fragen auf. Zum Beispiel für den Gründer der Tageszeitung „Le Monde" Hubert Beuve-Méry, der häufig in Taizé zu Besuch ist. „Was sollte bei dieser gigantischen Versammlung herauskommen?", fragt er sich. Soll hier wirklich ein Kreuzzug entstehen, um das Elend der Welt zu beseitigen? Geht es um ein Volksfest des Glaubens oder um eine Art Kaufhalle, in der jeder findet, was er selbst mitgebracht hat? Die Versammlung und ihre Vorbereitung sind Kinder der damaligen aufgewühlten Zeit und ihrer Widersprüchlichkeiten. Die in der Kirche der Versöhnung organisierten Vollversammlungen sind an ihre Grenzen gestoßen. Einige Zeit nach der Eröffnung des „Konzils" sind die thematischen Treffen im Sommer auf dem Hügel noch immer von Protest, ja von Auflehnung durchsetzt. Oft bis spät in die Nacht werden am sogenannten „Krater" Debatten geführt. Er liegt neben der Kirche, in ihm brennt stets ein großes Feuer. In ungezwungener Atmosphäre verrichten die freiwilligen Helfer unauffällig aber wirksam ihre Arbeit. „Man musste zugleich aufgeschlossen und standfest sein, auch mit den Extremisten umgehen können, die riefen: ‚Es ist verboten zu verbieten!' Und an die Verantwortung der Jugendlichen appellieren."

Die Communauté geht unbeirrt ihren zweifachen Weg von Kampf und Kontemplation weiter. Das Gebet und die langen Stille-Zeiten bringen erregte Gemüter zur Ruhe und erleichtern es, einander zuzuhören.

Frère Roger betrachtet die Zeit des Konzils der Jugend, insbesondere dessen Eröffnung, jedoch mit gemischten Gefühlen. Dem holländischen Journalisten Rex Brico, der ein Buch über „Frère Roger und Taizé" schreibt, vertraute er an: „Während der dreitägigen Eröffnung hatte ich den Eindruck, dass unter den Zelten mehr Nebel als Licht herrschte. Die ungewöhnlich große Anzahl von Teilnehmern, die Tatsache, dass für diese Gelegenheit eine eigene Kirchenmusik zusammengestellt worden war, führten dazu, dass unser Gebet unvermittelt ganz anders ablief. Wenn das Gebet in einer derartigen Versammlung erschwert wird, kommt es einem so vor, als wäre sie misslungen. Das ging uns nahe." Das Gefühl, teilweise einen Fehlschlag erlitten zu haben, bringt Frère Roger dazu, neue Gebetsformen zu suchen, die besser für eine große Menge geeignet sind. Daraus geht die heutige Gestaltung der gemeinsamen Gebete in Taizé hervor.

Zu einem Pilgerweg des Vertrauens auf der Erde

Der teilweise Fehlschlag ist auch der Beweggrund, ein Jahr später, am 17. August 1975, einen „Tag für das Volk Gottes" vorzubereiten. An dieser Veranstaltung nehmen die Kardinäle François Marty und Julius Döpfner, Vorsitzende der französischen bzw. deutschen Bischofskonferenz, sowie Pfarrer Philip Potter, Generalsekretär des ökumenischen Weltkirchenrates, teil. Im vierteljährlichen „Brief aus Taizé", der an Ostern 1970 das

Mitteilungsblatt „Aujourd'hui" abgelöst hat, heißt es im November 1975: „Das Konzil der Jugend steht nicht außerhalb der Kirche, es ist keine neue Bewegung, es ist auch nicht etwas, das nur den Jugendlichen vorbehalten ist." In Taizé wird nun den Jugendlichen vorgeschlagen, sich zuhause in der Nachfolge Christi zu engagieren, jeweils ausgehend von ihren Kirchengemeinden.

Nach 1974 entfaltet sich damit eine Art „Taizé vor den Mauern". Das Konzil der Jugend geht in Europa und auf den anderen Erdteilen weiter. Ab 1976 lebt Frère Roger jeweils am Jahresende mehrere Wochen im Elendsviertel einer Großstadt auf den südlichen Erdteilen, in Kalkutta, Hongkong, Temuco etc. Er reist mit einigen Brüdern und einem von Jahr zu Jahr neu zusammengesetzten internationalen Team Jugendlicher. Sie teilen die Lebensverhältnisse armer Menschen, halten gemeinsame Gebete und denken über einen Jahresbrief nach, der ab 1977 zwischen Weihnachten und Neujahr in einer europäischen Großstadt verlesen wird und im folgenden Jahr als Gesprächsgrundlage für die Jugendlichen dient.

Ein Konzil hat eine Eröffnung und einen Abschluss. Frère Roger fragt sich bereits am Tag nach der Eröffnung, ob der Begriff „Konzil" wirklich angebracht ist. Vier Jahre später lässt er von Rex Brico festhalten: „1979 nahm die Zahl der Jugendlichen, die nach Taizé kamen, so stark zu, dass wir das Konzil der Jugend aussetzten, um nicht einer weiteren geistlichen Bewegung Vorschub zu leisten." Aus dem Mund eines Mannes, der lediglich in der „Dynamik des Vorläufigen" leben wollte, sind

diese Worte verständlich. Freilich ist damit nichts zu
Ende; auf das Konzil folgt ein „Pilgerweg des Vertrauens
auf der Erde". Zunächst „Pilgerweg der Versöhnung" genannt, beginnt er an Weihnachten 1982 in der libanesi-
schen Hauptstadt Beirut, also in einem Land, in dem
seit acht Jahren ein Bürgerkrieg tobt. Als erste Etappe
findet einige Tage später, zum Jahreswechsel, ein „Europäisches Jugendtreffen" in Rom statt.

Temuco 1979: Frère Roger
und Frère Alois in einem
chilenischen Armenviertel

9

Taizé vor den Mauern

Auch in den siebziger Jahren wächst die Beteiligung der Jugendlichen bei den Treffen auf dem Hügel von Taizé ständig. Ebenso gilt dies für die Zahl der Brüder. Letztere fragen sich weiterhin, wie sich die Communauté auch außerhalb Frankreichs weiterentwickeln soll: Sollen neue vorläufige Fraternitäten eingerichtet werden – oder eher weitere Gründungen im benediktinischen Sinn, also als unabhängige Gemeinschaften? Wie soll man miteinander in Gemeinschaft bleiben, wenn man an verschiedenen Orten, auf verschiedenen Erdteilen lebt?

Seit den fünfziger Jahren waren provisorische Fraternitäten in immer weiterer Entfernung von Taizé entstanden: in Montceau-les-Mines, in Marseille, in Algerien, in den Vereinigten Staaten, an der Elfenbeinküste usw. Diese Tendenz setzte sich mit der Einrichtung kleiner, auf längere Sicht konzipierter Fraternitäten in weiteren Ländern fort: „Es ging darum, unter ganz armen Menschen zu leben, Freude und Leid zu teilen und auch die Gebetszeiten", lautet der Grundtenor der an diesem Abenteuer beteiligten Brüder.

Ausgehend von in vielen Ländern gesammelten Erfahrungen verschiedener Brüder wagt die Communauté außerdem, kleine Gruppen junger Frauen oder Männer auszusenden, „auf der Suche nach Orten der Hoffnung überall auf der Erde". Sie sind damit beauftragt, das Konzil der Jugend bei mehrmonatigen Aufenthalten auf verschiedenen Erdteilen weiterzuführen.

Die während des Zweiten Vatikanischen Konzils geknüpften Beziehungen mit vielen Bischöfen, namentlich in Südamerika, führen zu Fraternitäten in Brasilien, zunächst 1966–1971 in Olinda bei Dom Helder Camara, 1972 in Vitoria und ab 1978 in Alagoinhas im Bundesstaat Bahia. In Nordamerika besteht eine Fraternität von 1978 bis 1992 in einem New Yorker Armenviertel.

Das Leben in Brasilien unter der Militärdiktatur ist allerdings nicht einfach. Ausländische Ordensleute geraten schnell unter Verdacht. Mehrmals versuchen die Brüder vergeblich, ein langfristiges Aufenthaltsvisum zu bekommen; es bedarf der Vermittlung des Benediktinerabts beim Generalstab der Streitkräfte. Der Abt schreibt: „Es sind Brüder, die zu uns kommen, um zu beten." Dies beruhigt General Albuquerque Lima, der ständig nach aufrührerischen Elementen unter den Klerikern fahndet. „Genau das brauchen wir!", ruft er aus. Die fromme Lüge eines Mönchs? Das kann man gewiss nicht sagen. Als „Unterlassungssünde" kann man diese Bitte allerdings schon bezeichnen, welche schließlich dank der entscheidenden Intervention des Erzbischofs von Salvador, Eugenia Sales, von Erfolg gekrönt ist.

Weitere Fraternitäten folgen. Die Themen des Konzils der Jugend – „Dynamik des Vorläufigen", „Kampf und Kontemplation", „Zeichen des Widerspruchs", „Versöhnung und Gemeinschaft" – haben in den Kulturen und gesellschaftlich-politischen Gegebenheiten der einzelnen Erdteile jeweils einen anderen Klang.

Angelina erinnert sich lebhaft und ein wenig amüsiert an ihre Reisen zur Vorbereitung oder Nachbereitung von Treffen des Konzils der Jugend, auf die sie, wie andere Freiwillige ohne besondere Ausbildung, quer über den Erdball geschickt wurde. „Wir brachen fast ohne Geld nur mit einigen Flugtickets auf und hatten lediglich eine oder zwei Adressen in der Tasche. Wir wussten nicht, wohin es im Einzelnen ging. Wir waren wirklich Neulinge. Aber man brachte uns Vertrauen entgegen." Brasilien, Argentinien, Bolivien, Mexiko, Chile, Paraguay etc. – die junge Spanierin, die später bei den Schwestern von Saint-André eintreten wird, durchquert ganz Südamerika, bereitet Jugendtreffen vor und sucht nach „Orten der Hoffnung". Alleine oder oft auch zu zweit, wie es die Apostelgeschichte nahelegt, in Begleitung eines Jugendlichen des betreffenden Landes. „Wir besuchten Basisgemeinschaften und Bewohner von Elendsvierteln. Wir hörten Leuten zu, die uns von ihren Lebensbedingungen berichteten. Wir beteten gemeinsam mit ihnen. Niemals erzählten wir viel von uns selber. Dies war nicht immer angeraten."

Frère Michel bereitet mehrere Jugendtreffen in Peru, in Kolumbien und 1973 auch im argentinischen Rioja vor, wo der Bischof kurz danach von Militärs umgebracht wird. Damals hat ein Thema aus Taizé in den Ohren der mittellosen Jugendlichen, die sich an die „Theologie der Befreiung" halten, einen besonderen Klang: „Kampf und Kontemplation". „Manche waren vollkommen, bisweilen auch zu sehr von ihren Aktionen eingenommen und begriffen nicht, was wir wollten", meint Angelina. „Während eines Treffens 1975 in Paraguay redete ein Guerilla-Jugendlicher mit Feuereifer auf mich ein. Er wollte, dass ich mich dem bewaffneten Kampf gegen die Militärdiktatur anschließe."

Die jungen Freiwilligen aus Europa, die mit den unterversorgten Südamerikanern solidarisch sind, geraten in eine seltsame Lage. Es ist für sie ganz und gar nicht leicht, ihren Gesprächspartnern zu vermitteln, dass das kommunistische Modell, welches diese als eine Alternative zu Ungerechtigkeit und Unterdrückung ansehen, bei seiner Anwendung in Europa nicht die gewünschten Ergebnisse zeitigt. Sie haben die Lage der mittel- und osteuropäischen Länder vor Augen, in die manche von ihnen schon Besuchsreisen unternommen hatten.

Seit 1978 leben etwa sechs Mitglieder der Communauté mit Frère Michel im Nordosten Brasiliens, in Alagoinhas. Durch diese Fraternität erfahren immer mehr Jugendliche überall im Land von Taizé und den Jugendtreffen, den „Tagen des Vertrauens", die jedes Jahr in einer anderen Stadt nach dem Vorbild der großen Europäischen Jugendtreffen stattfinden. Beim Treffen in Salvador im Jahr 2001 versammeln sich an die 10.000 Leute.

Südamerika hat im Herzen des Priors von Taizé stets einen besonderen Platz. Dies hängt sicher mit den während des Konzils entstandenen Freundschaften zu Bischöfen dort zusammen. Aber auch damit, dass diese Länder seit Ende der sechziger Jahre unter Militärdiktaturen leiden. So bringt er 1975 durch eine Reise seine

Solidarität mit dem chilenischen Volk zum Ausdruck, das dem Staatsstreich General Pinochets zum Opfer gefallen ist. Von da an fährt Frère Roger jedes Jahr in ein Land auf der Südhalbkugel, in dem schlimme Verhältnisse herrschen. Frère Alois, sein Nachfolger, setzt diese Tradition fort.

Als Zeichen des Widerspruchs in Afrika

Seit Ende der fünfziger Jahre leben Brüder von Taizé an der Elfenbeinküste, in den sechziger Jahren im Niger und in Ruanda. Mitte der siebziger Jahre widmen sie sich noch intensiver dem afrikanischen Kontinent. Im Rahmen des Konzils der Jugend wird entschieden, Jugendtreffen mit Feiern auf verschiedenen Erdteilen abzuhalten. Marie-Andrée, eine junge Lehrerin, die schon als Entwicklungshelferin in Afrika war, wird 1975 nach Kamerun, in die beiden Teile des Kongos, und dann nach Ruanda, Burundi sowie in den Senegal geschickt. Sobald dort der Termin des Treffens näherrückt, kommen andere Jugendliche, darunter ihr zukünftiger Mann, und auch zwei Brüder der Communauté nach.

„Unsere Aufgabe bestand darin, die Christen miteinander in Kontakt zu bringen. Dies blieb ganz bescheiden. Aber so unterschiedliche Gruppen wie die christliche Landjugend, die ‚Equipen vom Rosenkranz' und evangelische Kirchengemeinden, die in ganz unterschiedlicher Weise aus Christus lebten, erfuhren und erlebten, was sich außerhalb ihrer Kreise abspielte, nahmen Beziehungen zueinander auf. Wir waren in den Stadtvierteln, in den Kirchengemeinden zu Gast."

Bei den Aufenthalten in Afrika besteht die Herausforderung darin, mitten in einer von Arbeitslosigkeit und Armut gebeutelten Bevölkerung Zeichen der Hoffnung zu finden, inmitten von Korruption Zeichen des Widerspruchs zu sein. Zu den „Konzilsfeiern" in Douala, Kamerun, im Dezember 1975 und in Lubumbashi, Zaire, im April 1976 kommen jeweils nur einige hundert Leute zusammen. Aber sie sind ein wesentliches Signal für die Christen der jeweiligen Länder.

„In Nordkamerun haben wir erlebt, wie Minderheiten in einer Bevölkerung von Muslimen leben", erzählen die Freiwilligen. Die Welt der Muslime ist in den Augen Frère Rogers ein Beweggrund, von Taizé aus auf diesem Kontinent präsent zu sein. Zu dieser ganz anderen Welt, die zu einer unübersehbaren Herausforderung für die westliche Welt wird, möchte er eine Brücke schlagen. Er sieht darin aber auch das Zeichen einer symbolischen Nähe zu den Allerärmsten. Eine Möglichkeit, aus der Lustlosigkeit herauszufinden, die sich zunehmend in der westlichen Welt breit macht, und „ins Ungeahnte aufzubrechen", wie er ein 1976 erschienenes Buch nennt. Roger ist davon überzeugt, dass Afrika der westlichen Welt viel zu geben hat. Er erinnert sich, dass er in ganz jungen Jahren den Besuch eines afrikanischen Pfarrers bei seiner Familie miterlebt hat. Damals meinte seine Mutter: „Der Glaube schwindet in Europa; aber aus Afrika wird er in seiner ursprünglichen Frische wieder zu uns zurückkehren."

1978 fährt Frère Roger auf einer seiner Reisen nach Nairobi und nach Soweto in Südafrika. Sein Aufenthalt in Kenia ist der Beginn einer kleinen Fraternität, die zwölf Jahre lang im Elendsviertel von Marthare besteht. „Von der Anwesenheit der Brüder damals sprechen die Leute heute noch", meint Frère Luc. Seit 1992 ist diese kleine Gemeinschaft im Senegal tätig, im muslimischen Armenviertel Grand Yoff in Dakar.

Fragt man sie, was sie dort machen, antworten die Brüder mit einem Gruß auf Wolof, der Muttersprache der einheimischen Bevölkerung: „Wir sind da, das ist alles. Wir teilen das Leben des Stadtviertels. Wir versuchen ihnen Bruder zu sein." Sie leben als eine Gruppe von Männern verschiedener Herkunft, Nationalität und Altersgruppe zusammen – und sind gleichzeitig ganz mit den Menschen solidarisch verbunden sowie Zeichen des Widerspruchs. Mitten in der Betriebsamkeit kann man bei ihnen Raum für Stille und Gebet und auch zum Lernen finden. Die „Gesänge aus Taizé" werden in die Sprache der Einheimischen übersetzt und gleichen sich den Rhythmen dieses Erdteils an. Ihr ruhiges Gebet erhält seine Farbe vom Leben im Stadtviertel, mit Geschrei, Lärm und dem Ruf des Muezzins im Hintergrund. „Unter einer muslimischen Bevölkerung zu leben erfordert zunächst, auf die Glaubenden mit einem Blick schauen, der erkennt, dass Gott in ihnen wirkt", stellt Frère Denis, der Verantwortliche der Fraternität, fest.

Die asiatische Staatengemeinschaft

Sehr früh wendet sich Taizé auch dem Fernen Osten zu. Die ersten Besuche eines Asiaten auf dem Hügel gibt es bereits 1947. 1974 ziehen die ersten Brüder nach Bangladesch. In einem Land, in dem die Christen eine unbedeutende Minderheit darstellen, kümmern sie sich nun seit über 30 Jahren zusammen mit Muslimen um die am meisten vernachlässigten Bevölkerungsteile. „Die Armen und Schwachen bringen uns zusammen", pflegt Frère Frank zu sagen, der von Anfang an dabei und dort der verantwortliche Bruder ist. Es ist bewegend, wenn er vom Lächeln eines jungen muslimischen Behinderten erzählt, der bei einem Attentat von Fanatikern verletzt wurde. Oder von Aïcha, der ein Zug bei einem Selbstmordversuch beide Beine abriss. Ihre Familie setzte sie vor die Tür, und heute leitet sie die von den Brüdern eingerichtete Teppichwerkstatt.

Die tiefe Beziehung des Priors mit Mutter Teresa seit 1976 hat das Verhältnis der Brüder zum asiatischen Erdteil vermutlich am stärksten geprägt. Beide schrieben gemeinsam drei Bücher, „Kreuzweg", „Maria, Mutter von Versöhnungen", „Das Gebet – Frische einer Quelle". Die Gründerin der Missionarinnen der Nächstenliebe kommt im Sommer 1976 auf den Hügel und hat im darauffolgenden Winter Frère Roger mit einem kleinen Team internationaler Jugendlicher zu Gast. Sie verbringen lange Wochen in einem Armenviertel von Kalkutta; dort entsteht der zweite „Brief an das Volk Gottes", der bei einer großen Zusammenkunft im Dezember in der Pariser Kathedrale Nôtre-Dame veröffentlicht wird. Kurz vor der Abfahrt vertraut Mutter Teresa Frère Roger ein kleines, abgemagertes Mädchen aus ihrem Waisenhaus an. Sonaly wächst daraufhin in Frankreich auf.

Kalkutta, Madras (1985 und 1988), Manila (1991): Treffen verschiedenster Größenordnung folgen aufeinander. Tage der Stille und Pilgerwege, Besuche in Ländern, in denen den Christen das Leben schwer gemacht wird, wie Pakistan, Kambodscha oder Indonesien. 1979 gründen einige Brüder in Südkorea eine Fraternität. Nach Nordkorea, in ein an sich verriegeltes Land, kann ein Bruder von Frankreich aus über die „Operation Hoffnung" einen Hilfsmitteltransport begleiten. Seit Ende der sechziger Jahre reisen Frère Ghislain und andere Brüder kreuz und quer über den Erdteil. „Wir sind allein und haben nicht viel dabei. So ist es möglich, erstaunliche Begegnungen und Treffen zu erleben, und wir erfahren viel Unterstützung", erzählt der Bruder. „Wir gestalten auf Einladung gemeinsame Gebete, Rüstzeiten, Exerzitien, Jugendtreffen ... Ich bemerke, dass der Durst nach Lebenssinn überall sehr groß ist, zum Beispiel auch in einer japanischen Universität in der Nähe von Kobe, wo man mich einlud, vor 200 Studenten zu sprechen."

Nachdem zahlreiche Kontakte entstanden sind, bitten die Kirchenverantwortlichen verschiedenster Länder die Communauté, bei der offiziellen kirchlichen Jugendarbeit mitzuhelfen. Mittlerweile ist dies in fast allen asiatischen Ländern der Fall und wird von katholischen wie evangelischen Verantwortlichen als neue Form der Jugendarbeit begrüßt. Ab 1987 werden mehrere hundert junge Asiaten von ihren Bischöfen und Pfarrern nach Taizé geschickt, wo sie jeweils für einige Monate an den Jugendtreffen auf dem Hügel teilnehmen. 1990 werden die Brüder von den Vorsitzenden der katholischen Bischofskonferenzen Asiens eingeladen, ein Abendgebet bei ihrer kontinentalen Konferenz im indonesischen Bandung zu gestalten. „Taizé weckt in Asien unsere eigene spirituelle Identität und baut Brücken zwischen den Kulturen", schreibt Bischof Thomas Menamparampil, der Vorsitzende der Kommission für die Evangelisierung der asiatischen Bischofskonferenz. Erzbischof Henry D'Souza, welcher bedauert, dass die lange Tradition von Toleranz auf dem Erdteil im Schwinden begriffen ist, auch auf der religiösen Ebene, geht sogar noch weiter: „Asien wird von Uneinigkeit zerrissen und ist von großen Unterschieden geprägt. Es ist Versöhnung nötig … Und vielleicht ist die Gabe von Taizé für Asien die Gabe der Versöhnung."

10

Brücken in Richtung Osten (1970–1989)

Dezember 1980: Das Rom des polnischen Papstes Johannes Paul II. hat zum ersten Mal das große von Taizé aus vorbereitete Europäische Jugendtreffen zu Gast. Wie so oft hallt die Stadt von einer Vielzahl von Sprachen wieder. Die slawischen Laute, ein symbolträchtiges Ereignis, bleiben auf dem Petersplatz keineswegs unbemerkt. Jugendliche von der anderen Seite des Eisernen Vorhangs sind in großer Zahl gekommen. Die bis dahin hermetisch verschlossene Mauer hat eine Bresche. „Unglaubliches geschah. Wir sagten uns damals: Es geht also!", erinnert sich Maria Prusak, eine der Verantwortlichen für die Reise von 800 junger Polen in die Ewige Stadt. „In jenen Jahren fühlten wir uns wie Fische, die aus einem Aquarium in den Ozean gelangt waren", fügte die Ungarin Anna Balint hinzu.

Weitere Versammlungen ermöglichen es den Jugendlichen verschiedenster Länder aus den beiden Welten zusammenzutreffen: 1980 im Osten Deutschlands, auf Einladung des lutherischen und des katholischen Bischofs in Dresden mit 6000 Teilnehmern, am folgenden Tag in Erfurt mit 10.000; später im slowenischen Ljubljana (1987), sowie im April 1989, knapp sechs Monate vor dem Fall der Berliner Mauer, im ungarischen Pécs (Fünfkirchen). Manche Treffen finden unter heiklen Umständen statt, insbesondere während der Zeit, in denen die totalitären Regime ihre schüchternen Öffnungsversuche wieder zurücknehmen. So geschehen in Prag (1981 und 1988) und in Budapest (1983), wo Frère Roger

Bei der Jugendwallfahrt in Erfurt im Mai 1980, mit Propst Heino Falcke und Bischof Hugo Aufderbeck

Sprechverbot hat, aber mit seiner stillen Anwesenheit viel mehr bewirken kann.

„Wir haben herausgefunden, dass wir wirklich frei reden können, selbst in harter Unterdrückung", hält Maria Kaplan fest, die nach dem Rücktritt der kommunistischen Regierung ins tschechische Parlament gewählt wurde. Ihr Mann war in den sechziger Jahren inhaftiert, unter anderem, weil er Bücher von Taizé übersetzt hatte.

Die jungen Christen treten in die Öffentlichkeit

In den achtziger Jahren ist der Befreiungsprozess in vollem Gange. Vorher konnten junge Pilger aus dem Osten nur als Einzelne die Erlaubnis bekommen, ins Ausland zu reisen. Als erste erreichen die polnischen Bischöfe, dass Jugendliche auch in Gruppen zu den Treffen fahren können. Im Jahr nach dem Europäischen Jugendtreffen in Rom gibt es mit der Ausrufung des Kriegsrechts durch das Regime Jaruzelski zur Eindämmung der Solidarnosc-Bewegung zwar einen Rückschlag, „aber die Einschüchterungen und Verbote konnten die ausgelöste Bewegung nicht mehr rückgängig machen", erläutert Maria Prusak, die heute einen Lehrstuhl für Literatur an der katholischen Universität Warschau innehat. Im Dezember 1981 werden von Taizé aus Lastwagen mit Lebensmitteln nach Polen geschickt, die einzige erlaubte Verbindung. Auf dem burgundischen Hügel legen Jugendliche als Zeichen der Solidarität Blumen in der Form eines Kreuzes vor die Marienikone von Tschenstochau. „Die vorhergehende Generation wurde verhaftet, eingeschüchtert und in Angst versetzt. Unsere Generation hatte keine Angst mehr. Sie fühlte sich stark, getragen von zahlreichen Freunden außerhalb des Landes", stellen mehrere Mittel- und Osteuropäer fest, die damals um die 20 Jahre alt waren.

Nun treten die jungen Christen im Osten gelassen und selbstbewusst an die Öffentlichkeit. Die Glasnost-Bewegung unter Gorbatschow beginnt, und sie gehen mit einer Entschlossenheit vor, die sich nicht mehr aufhalten lässt. „Ein Frühling begann zu blühen", meint der Ungar Attila Thorday. Von den 24.000 Teilnehmern an Europäischen Jugendtreffen in Rom 1987 kommen 5000 aus Mittel- und Osteuropa, darunter 900 Ungarn. Beim folgenden Treffen in Paris sind es 8500 von 35.000 Teilnehmern.

Die Kroatin Dubrovka Prpic meint beim Europäischen Jugendtreffen im Dezember 2006 in Zagreb: „Jene Treffen haben anderen Ländern die Türen geöffnet. Wir waren davon beeindruckt, wie vielfältig die Herkunft der Teilnehmer war. Daran waren wir nicht gewöhnt. Und auch nicht an die Schönheit solcher gemeinsamen Gebete, an ihre Universalität, ihre Rolle als Sauerteig der Einheit."

Der Zustrom nach dem Mauerfall

Ab 1989 wachsen die Sommertreffen auf dem Hügel von Taizé deutlich an. Bis zu 6000 Jugendliche aus ganz Europa verdoppeln die Zahlen mancher Wochen. „Die Jugendlichen aus Mittel- und Osteuropa konnten mit ihrer Währung nicht zu den Kosten beitragen. Sie brachten stattdessen oft irgendwelche Waren mit", erinnern sich die Schwestern im Gästehaus. „Auf einmal standen wir mit ganzen Bergen von Wolldecken da!" Die Eindrücke der Jugendlichen, die tausende von Kilometern in klapprigen Bussen zurücklegen, ähneln sich: „Taizé ist wie ein Zuhause." In wenigen Jahren wächst ihnen das kleine Dorf mit ein paar Dutzend Einwohnern ans Herz; Taizé wird bekannter als manche französische Großstadt. So antwortet ein bulgarischer Mönch auf die Frage, wo sich Lyon befände, einmal nach kurzem Zögern: „Ich glaube, ganz in der Nähe von Taizé."

Die achtziger Jahre und der Fall der Berliner Mauer im November 1989 bringen ans Licht, wie eng die Communauté seit langem mit Mittel- und Osteuropa verbunden ist. Taizé ist ein wichtiger Brückenschlag zwischen den beiden Welten, die sich nach einem Weltkrieg mit verheerenden Folgen für ganz Europa voneinander entfremdet hatten. Die Anziehungskraft von Taizé und seinen Europäischen Jugendtreffen ging aus Verbindungen hervor, die während der bleiernen Jahre geknüpft worden waren, zunächst mit einer Generation, die früh für wirklichen Frieden und Versöhnung eingetreten war.

Zu ihr zählt Aniela Urbanowicz. Sie hatte ihren Mann und eine ihrer Töchter im Konzentrationslager verloren und spürte, wie nötig es war, Brücken zwischen Christen zu bauen und auch außerhalb der polnischen Grenzen Verbündete zu suchen. In ihrer Wohnung wurde im Untergrund eine Vereinigung katholischer Intellektueller gegründet; ferner unterstützte Aniele Urbanowicz die Znak-Gruppe, zu der sich sozial gesinnte Katholiken zusammengeschlossen hatten. Sie blieb Taizé über all die Jahre treu verbunden. Zur ihrer Überraschung war sie im hintersten Winkel von Burgund auf eine Communauté gestoßen, die über die Lage in ihrem Land bestens auf dem Laufenden war und in der täglich für die bevormundeten Kirchen in Mittel- und Osteuropa gebetet wurde.

Seit 1960 in Verbindung

Die Verbindungen mit Mittel- und Osteuropa reichen bis Anfang der sechziger Jahre zurück und beruhen darauf, dass drei Elemente zusammentreffen: Zum einen hat der Gründer von Taizé eine tiefe Zuneigung zur Orthodoxie. Nicht nur aus ökumenischer Gesinnung, sondern weil ihn die byzantinischen Glaubensformen anziehen. Darüber hinaus werden Freundschaften mit Bischöfen in Osteuropa geknüpft. Und schließlich sind da die Lebensgeschichten mancher Brüder samt Verletzungen, die aus den Spaltungen in Europa rühren und in ihnen das Verlangen nach Versöhnung wecken. Dies gilt auch für den heutigen Prior, Frère Alois, dessen Eltern von ihrem Hof im Sudetenland vertrieben wurden und sich später in Stuttgart niederlassen konnten.

Bewusstseinsbildend ist ein anderer Deutscher, Frère Christoph, der 1960 in die Communauté eintritt. Er gehört zu der Generation von Männern, die ganz jung in die Wehrmacht einrücken mussten und später in Russland in Kriegsgefangenschaft geraten sind. 1961 erlebt er bestürzt den Bau der Berliner Mauer mit, die sein Heimatland endgültig teilt. Er berät sich mit dem Prior, der ihm vorschlägt, eine Reise in den Osten Deutschlands zu unternehmen. Mit einem Touristenvisum und den Russischkenntnissen, die er in der Kriegsgefangenschaft erworben hat, fährt er durch die DDR und einige angrenzende Länder. 1962 schließt sich ihm ein anderer Deutscher, Frère Rudolf, an. Jeder für sich unternimmt Besuche bei Jugendlichen und Familien und führt unauffällig Rüstzeiten durch. „Die DDR war eine Plattform für alle Jugendtreffen im Osten", meint Frère Rudolf. Zwischen 1966 und 1968 können während des Prager Frühlings Gruppen junger Menschen aus Tschechien und der

Slowakei nach Taizé reisen, das sie nur vom Hörensagen kennen. „Die Versuchung hierzubleiben war natürlich groß", erinnert sich Frère Rudolf, „vor allem als der Prager Frühling durch die russische Armee niedergewalzt wurde. Es haben sich aber alle daran gehalten, wieder heimzukehren."

Ein Netz, das überall hinreicht

„Damals wurde uns deutlich, wie viel die Besuche hinter dem Eisernen Vorhang für die Menschen dort bedeuteten. Es konnte nicht bei flüchtigen Begegnungen bleiben", meint Frère Charles-Eugène. „Wir konnten uns allerdings nicht vorstellen, dass sie sich soweit verzweigen würden." Denn das Netz reicht vom Osten Deutschlands nach Ungarn, Polen, in die Slowakei, nach Rumänien, Jugoslawien und darüber hinaus. Langsam aber nachhaltig wächst es über mehrere Jahrzehnte, bei improvisierten Jugendtreffen an verborgenen Orten, in Familien, in anonymen Vorstadtwohnungen, bei vorgeblichen Skiwochen und Sommerlagern, in entlegenen Berg- oder Waldhütten. Frère Rudolf und andere Brüder ziehen allein oder in Begleitung durch die Lande. Der erste Bruder aus einem Land in Mittel- und Osteuropa, der Pole Frère Marek, muss drei Jahre lang auf seinen Pass warten. Er erinnert sich an den Besuch Frère Cléments in seiner Posener Studentengemeinde im Oktober 1971.

Frère Roger zu Besuch in der DDR: Gebet im Magdeburger Dom 1984

Im Lauf der sechziger Jahre öffnet sich dann auch west-
europäische Jugendliche – oft Mädchen, die der Polizei
weniger verdächtig vorzukommen scheinen – der Eiserne
Vorhang. Sie reisen ein, ohne sich zu erkennen zu geben,
und setzen oft einiges aufs Spiel. Irgendwo unter der Klei-

dung haben sie Ausgaben vom „Brief aus Taizé" versteckt.
Attila Thorday erinnert sich daran, dass er diesen oft mit
der Hand abgeschrieben und an Freunde weitergegeben
hat: „Es durfte ja nichts gedruckt werden." Man muss
vorsichtig vorgehen und einige Vorkehrungen treffen, um
die Gesprächspartner nicht in Schwierigkeiten zu bringen. Frère Alois berichtet, dass er Adressen auswendig ge-
lernt hat, um im Fall einer Leibesvisitation seinen tsche-
chischen Gastgebern keine Probleme zu bereiten.

„Die Besuche waren für uns Frischluft", sagen heute
alle Osteuropäer. „Wir trafen uns einfach nur, um miteinander zu sprechen, Neuigkeiten auszutauschen und gemeinsam zu beten. Es war eine
Freude. Wir wussten, dass sich   Breslau 1989: Erstes Euro-
in unsere Treffen manchmal   päischen Jugendtreffen in
Mitarbeiter der Staatspolizei   einem Land des Ostblocks

einschlichen. Aber wir sprachen uns nie direkt gegen die Regierung aus. Anders hätten wir dies nicht so lange fortführen können."

Auswirkungen des Zweiten Vatikanischen Konzils

Ohne die freundschaftlichen Beziehungen, welche die Kirchenverantwortlichen unter anderem während des Zweiten Vatikanischen Konzils knüpften, wären diese Beziehungen nicht in dieser Intensität denkbar gewesen. Unter den Vertrauten, die in der römischen Wohnung der Brüder ein- und ausgehen, sind der junge Krakauer Bischof Karol Wojtyła, der Bischof von Kattowitz, Herbert Bednorz, und der kroatische Bischof Franjo Seper aus Zagreb. Zur selben Zeit freundet sich auch Jerzy Turowicz mit der Communauté an. Als Chefredakteur der polnischen katholischen Wochenzeitung „Tygodnik Powszechny" trägt er viel zur Verbreitung des Gedankenguts von Taizé in seinem Land bei.

Nach den Konzilssessionen in Rom steigern Wallfahrten und andere kirchliche Anlässe den Bekanntheitsgrad von Taizé entscheidend; insbesondere in Polen, das einen Sonderfall darstellt. Auf Einladung Kardinal Wojtyłas, bei dem er manchmal übernachtet, nimmt Frère Roger vier Mal (1973, 1975, 1979 und 1981) an der Wallfahrt im oberschlesischen Piekar teil, wo er zu zehntausenden Bergarbeitern spricht. Jedes Jahr beteiligt sich eine kleine Gruppe Jugendlicher von Taizé aus an der traditionellen Wallfahrt nach Tschenstochau.

Zeitgleich entstehen engere Beziehungen zur russischen Orthodoxie. Im Juli 1978 reist Frère Roger auf Einladung des Patriarchen nach Moskau und Sagorsk sowie nach Leningrad. Er erhält ein Einreisevisum, darf aber nicht in der Öffentlichkeit das Wort ergreifen. Es kommt zu flüchtigen Begegnungen mit Jugendlichen. Vor den Ikonen in den Kirchen kann er ihnen lediglich in die Augen sehen und zuflüstern „Christus ist auferstanden." Auch seine Aufenthalte in Ungarn und der Tschechoslowakei unterliegen drakonischen Einschränkungen. Dem gewinnt der Prior sogar etwas Gutes ab: „Es hatte seinen Sinn, mitten unter ihnen zu sein, in ihrer Nähe zu beten, mit ihnen in der Stille zu verweilen." Letztlich hinterlässt dies einen noch tieferen Eindruck bei ihm und den Jugendlichen. Seit 1978 findet in Taizé jeden Freitagabend ein stilles „Gebet vor dem Kreuz" statt. Kurz nach der Tausendjahrfeier der Taufe Russlands im Jahr 1988 wird von Taizé aus der Druck von nicht weniger als einer Million Ausgaben des Neuen Testaments auf Russisch in Auftrag gegeben und diese nach Russland befördert. Die Verbindung mit der slawischen Christenheit geht tief und reicht weit zurück. Sie zeigt sich auch auf vielerlei Weise auf dem Hügel: durch orthodoxe Zwiebeltürme auf dem Kirchendach, die Gestaltung von Gebetsräumen, die Ikonen und auch einige Gesänge, die den Gebeten eine innige Note geben.

Nach dem Kommunismus: Die Saat geht auf

In der UdSSR sowie in Polen, Ungarn, der Slowakei, Böhmen und Mähren, im Osten Deutschlands und darüber hinaus führen die Wallfahrten, ohne lange Vorbereitung durchgeführte Jugendtreffen und Briefwechsel während der düsteren Jahre zu einem informellen Netz mit kaum vorstellbaren Verzweigungen. Tragfähige Beziehungen wachsen nicht nur zwischen den beiden Teilen Europas, sondern auch unter jungen Christen innerhalb des Ostens, die oft keine anderen Kontakte untereinander haben. Aus diesem Geflecht gehen nach dem Fall der Mauer unversehens Oppositionsführer und verantwortungsbewusste Politiker hervor.

„Durch Taizé schöpften wir Hoffnung, konnten wir auf die Kirche und die Gesellschaft schauen, ohne den Mut sinken zu lassen", meint Pal Solt. Als Vorsitzender des Obersten Gerichts nach dem Sturz der kommunistischen Regierung, danach Präsident der Menschenrechtskommission der Vereinten Nationen, lernt der ehemalige Agnostiker Taizé durch Zufall kennen. „An einem Sonntag nach Pfingsten 1975", erzählt er, „ließ mich das Erlebnis des Gebets in der Versöhnungskirche mit den Gesängen nicht mehr los. Bei jeder Reise ins Ausland richtete ich es so ein, dass ich dort einen Besuch machen konnte. Ich hinterließ meine Adresse. Die Brüder sind vorsichtig damit umgegangen. Dennoch erfuhr ich von den Besuchen Frère Rudolfs in Budapest. Wir versammelten uns unauffällig in Wohnungen zu Gesprächen und Gebeten. Wir dachten über eine christliche Sicht der Gesellschaft nach. Taizé spielte bei den Intellektuellen meiner Generation die wesentliche Rolle eines Sauerteigs."

Am Ende der sechziger Jahre waren viele dieser Intellektuellen bereits nach Taizé gekommen. Unter ihnen: der spätere polnische Premierminister Mazowiecki und der slowenische Ministerpräsident Peterle, der Vizepremier Carnogursky in den letzten Jahren der Tschechoslowakei; dazu zahlreiche Regierungsmitglieder, Abgeordnete und Staatsbeamte, die in ihren Heimatländern eine wesentliche Rolle spielten. Ebenso Präsident Vaclav Havel in Prag, der noch als Wortführer der Dissidenten der Charta 77 an einem Treffen von Taizé teilgenommen hatte: „Frère Roger war für mich einer der geistigen Pfeiler des sich vereinenden Europas", erklärte er zwei Tage nach Frère Rogers Tod gegenüber der französischen Presseagentur.

Ein Gegenmodell zum Materialismus

Die Früchte der Begegnungen und Treffen in der zivilen Gesellschaft Mittel- und Osteuropas sind zahlreich und unerwartet. „Für uns Studenten in den sechziger Jahren", meint Frère Marek, „war Taizé ein Freiraum. Dies galt auch innerhalb unserer Kirche in Polen. Wir lernten eine Sichtweise des Christentums kennen, die mit unserer polnischen Schmerzverliebtheit brach, eine Radikalität gemäß dem Evangelium, samt ihrer Freude, Aufgeschlossenheit und Einfachheit."

Taizé bleibt ein Gegenmodell zum Materialismus. Dieser hat sein Gesicht verändert: Er ist heute nicht mehr narzisstisch, sondern praktisch, von Konsumzwang geprägt. Mehr denn je ist er eine Herausforderung für die Gegenwart. Wie alle jungen Europäer sind auch die Menschen in Mittel- und Osteuropa eingeladen, den Sinn der Freiheit deutlicher wahrzunehmen. Nicht nur der Freiheit, die Mauern zwischen verfeindeten Ländern und Ideologien zum Einsturz bringen kann, sondern auch jener, die in jedem Menschen mit dessen Anfälligkeit für Versklavung ringt.

11

Weltweite Anerkennung

Eine gebeugte, von Kindern umgebene Gestalt. Das Bild eines zerbrechlichen, zuvorkommenden Menschen bleibt von Frère Roger in Erinnerung. Es beeindruckt auch prominente Gäste auf der Durchreise – wie die damalige Generalsekretärin des Europarats, Catherine Lalumière: „In der riesigen, von mehreren tausend Menschen bevölkerten Kirche von Taizé halten diese Kinder Kerzen in der Hand, kleine Flammen der Hoffnung und des Lebens", schildert sie ihre Eindrücke 1992 anlässlich der Verleihung des Robert-Schumann-Preises im Straßburger Europarat.

Internationale Preisverleihungen

Der Gründer von Taizé versteht sich auf symbolische Gesten, die allemal eine wohlformulierte Rede aufwiegen. Sein Leben lang erfindet, verfeinert und vermittelt er unermüdlich solche Zeichen. So betritt er am 2. Juli 1985 das Genfer Palais der Vereinten Nationen in Begleitung von Kindern aller Erdteile und überreicht Generalsekretär Javier Perez de Cuellar eine „Botschaft des Vertrauens unter den Völkern". Ebenfalls mit Kindern – unter ihnen Marie-Sonaly, als deren Pate er sich bezeichnet – nimmt er am 5. Oktober 1986 Papst Johannes Paul II. in Taizé in Empfang. Die Kinder erhalten bei solchen Anlässen stets Ehrenplätze. Insbesondere bei den Preisverleihungen, die Ende der achtziger Jahre nicht abreißen. Frère Roger nimmt die Anerkennung für sein Lebenswerk entgegen, weil sie es ihm ermöglicht, sich auf internationaler Ebene vernehmbar und verständlich zu machen. Eine Auszeichnung der französischen Ehrenlegion lehnt er ab; internationale Preise, die den Einsatz der Communauté für den Frieden würdigen, nimmt er jedoch stets an und überlässt das Preisgeld Menschen in Not.

Der angesehene Templeton-Preis für Verdienste um Weiterentwicklungen auf religiösem Gebiet wird ihm 1974 durch Prinz Philip in London verliehen; ein Jahr darauf erhält ihn Mutter Teresa. Im selben Jahr, in das die Eröffnung des Konzils der Jugend fällt, wird er auch mit dem Friedenspreis des Deutschen Buchhandels ausgezeichnet. Damit reiht er sich unter Männer wie Albert Schweitzer, Karl Jaspers, Gabriel Marcel, Kardinal Augustin Bea und Leopold Sedar Senghor ein.

1988 erhält er in Paris aus der Hand des Generaldirektors Federico Mayor den UNESCO-Preis für Friedenserziehung. Kurz vor dem Fall der Mauer, im Umbruch Ende der achtziger Jahre, erfährt der Einsatz der Communauté für die europäische Einheit eine Würdigung. Im Mai 1989 wird Frère Roger in Aachen der Internationale Karlspreis überreicht, mit dem im Vorjahr Helmut Kohl und François Mitterrand und davor unter anderem Konrad Adenauer, Winston Churchill sowie König Juan Carlos von Spanien geehrt worden sind. Die Jury begrüßt es, dass Frère Roger und die Communauté „heute die geistliche Tradition Europas fortsetzen, wie sie durch Benedikt von Nursia und Franz von Assisi gestaltet wurde." Bei der Verleihung des Robert-Schumann-Preises erklärt der Europarat, der laut eigener Aussage „den Auftrag hat, die europäische Familie vom

Atlantik bis zum Ural zusammenzuführen", durch seine Generalsekretärin: „Europa braucht Sie! Die jungen Mittel- und Osteuropäer sind auf diese Jugendtreffen und die gereichte Hand angewiesen. (…) Sie sind nicht nur ein Europäer, weil Sie die Völker Europas versammeln, sondern weil Sie bereithalten, was diese Völker am dringendsten brauchen: eine Botschaft des Friedens, der Liebe und der Versöhnung."

30 Jahre Europäische Jugendtreffen

Taizé liegt mitten in Burgund, in einer Gegend, die mit Cluny und Cîteaux Jahrhunderte lang auf ganz Europa ausgestrahlt hat. Wer hätte dem abgelegenen Dörfchen ein solches Erbe voraussagen können? „Die Geschichte wird vielleicht erweisen, dass Europa nicht nur in Rom, Straßburg oder Brüssel errichtet wurde, sondern auch in diesem winzigen Dorf, in das die Jugend aus Ost- und Westeuropa unermüdlich strömt", meint Marguerite Léna in einem Beitrag für die angesehene katholische Zeitschrift „Études". Und wenn man nicht nach Taizé fährt, kommt Taizé zu einem. Die jährlichen, durch die Communauté in einer Großstadt des europäischen Kontinents vorbereiteten Jugendtreffen haben dieses Erbe maßgeblich bekannt gemacht und belebt. Sie sind 1978 nach Reisen zu den Armen auf der südlichen Erdhälfte aus einer Erkenntnis entstanden: „Wir dachten, es wäre gut, ein Mittel zu finden, mit dem man Jugendlichen Lust machen kann, ihre Kirche zuhause als einen

Ort der Hoffnung zu entdecken und dort Aufgaben zu übernehmen. Deshalb begannen wir, einmal im Jahr ein Treffen mit den Kirchengemeinden einer Großstadt in die Wege zu leiten", erklärt Frère Émile.

Eine Vorform findet 1977 in Breda statt, nach der Rückkehr Frère Rogers von einer Reise mit dem internationalen Team Jugendlicher auf dem chinesischen Meer. Mehrere tausend Jugendliche strömen in die Markthalle der südholländischen Stadt und vertiefen sich in den „Brief an alle Generationen", der wenige Tage zuvor in einer Pfahlbauhütte an einem Dschunkenhafen in Hongkong verfasst worden ist.

Damit ist für das darauf folgende Treffen in Paris und die nachfolgenden eine einfache Grundform gefunden. In Paris sind es Ende 1978 an die 15.000 Jugendlichen, die sich zu den gemeinsamen Gebeten auf Nôtre-Dame und der Innenstadtkirche Saint-Sulpice aufteilen, die durch eine Fernsprechleitung verbunden sind.

Mehrere zehntausend Jugendliche kommen von nun an regelmäßig zwischen Weihnachten und Neujahr zusammen, in Wien 1992 und Paris 1994 sind es sogar mehr als 100.000. Jedes Treffen bildet eine Etappe auf dem „Pilgerweg des Vertrauens auf der Erde". Nach dem Fall der Berliner Mauer reichen bei diesen Treffen die Kirchen nicht mehr für die gemeinsamen Mittags- und Abendgebete aus. In Lissabon wie in Budapest, in Hamburg wie in Mailand werden nun Messehallen im Gebetsorte verwandelt.

„Jeder Tag beginnt mit einem Morgengebet in den Kirchengemeinden", erläutert Frère Émile. „Daran schließen sich Gespräche in kleinen Gruppen an, bei denen die Jugendlichen etwas von der lokalen Kirche als Ort der Freundschaft, der Gastfreundschaft und der Gemeinschaft erfahren. Am Nachmittag gibt es Thementreffen über wesentliche Herausforderungen und Fragestellungen in der Gesellschaft. Damit sind die Jugendtreffen nicht nur ein Signal innerhalb der christlichen Welt, sondern auch auf gesellschaftlicher Ebene; ein Zeichen der Hoffnung mitten in den oft undurchschaubaren Verhältnissen einer großen Stadt."

Mut zur Verantwortung machen

Um bis zu 100.000 junge Teilnehmer unterzubringen, zu verpflegen, zu befördern, zum Gespräch, Nachdenken und Gebet einzuladen, wäre an sich ein erheblicher logistischer Aufwand notwendig. Man kann nur staunen, mit welch einfachen Methoden und manchmal geradezu lächerlichen Mitteln diese Treffen vorbereitet werden. Im September, kaum mehr als drei Monate vor dem Ereignis, übersiedelt eine Handvoll Brüder in die jeweilige Stadt. Hinzu kommen ein Team junger Freiwilliger und einige Schwestern von Saint-André. Dann beginnen „die Besuche", ein Schlüsselwort für die Art und Weise, in der von Taizé aus Jugendtreffen entstehen. Auch in Zeiten von SMS und Internet bewährt sich die persönliche Begegnung. Freilich stoßen Schwestern, Freiwillige und Brüder manchmal auf einiges Erstaunen. „Wir kommen in eine Kirchengemeinde", erzählt ein Bruder und lacht, „ohne immer die Muttersprache zu sprechen, ohne jemanden zu kennen, und wollen dennoch die Leute damit vertraut machen, dass wir ein Treffen mit zehntausenden Jugendlichen vorbereiten und sie einige hundert beherbergen sollten!" Daraufhin bilden sich Vorbereitungsgruppen an drei- bis vierhundert „Empfangsorten" in der Stadt und ihrer Umgebung. An diesem sich immer weiter verzweigenden Unternehmen sind am Schluss an die 5000 Leute beteiligt. Ganz zu schweigen von den vielen tausend Einwohnern, welche die Jugendlichen unentgeltlich bei sich aufnehmen. Beim Treffen 2006 in Zagreb waren alle Jugendlichen in Familien untergebracht. Im Dezember 2007 in Genf fehlte dazu nicht viel.

Während des Treffens lassen sich selbst die größten Skeptiker überzeugen. Dafür gibt es reichlich Berichte, auch in den Medien. Während der Zeit zwischen Weihnachten und Neujahr stößt das Jugendtreffen auf hohes Interesse. Die größten europäischen Tageszeitungen schreiben über den Beitrag von Taizé zum Leben in den Gesellschaften und stellen den Einsatz für eine versöhnte Welt heraus. Auch in den Fernsehprogrammen fehlen nicht die Bilder einer Jugend, die zu ihrer Zeit steht, die fröhlich, entschlossen und zugleich gelassen ist.

Ein „Happening" ohne Folgen? „Dieses Vorurteil löst sich auf, wenn man näher hinsieht, wie diese Treffen vorbereitet werden und was dabei herauskommt", betonen Jean und Michèle Gheur, die an der Durchführung mehrerer dieser Treffen beteiligt waren. Sie hinterlassen Spuren im alltäglichen Leben. Nach dem Treffen Ende

2000 in Barcelona haben sich dort 70 regelmäßige Gebetsgruppen in der Ortskirche gebildet. Nach dem 21. Europäischen Jugendtreffen in Mailand schrieb Kardinal Carlo Maria Martini in der katholischen Tageszeitung „Avvenire": „Im Licht dieser Erfahrung erwarte ich, dass unsere Kirche eine immer gastfreundlichere wird, ein wahres Haus für alle, in dem sich niemand ausgegrenzt fühlt." Viele Kirchenverantwortliche und Lokalpolitiker sagen, dass die Jugendtreffen von Taizé den Bewohnern ihre eigene Stadt und Ortskirche neu erschließen und dabei immer wieder Unvermutetes zutage tritt. Manche Römer erinnern sich bis heute an die Besuche in den Katakomben zusammen mit den jungen Gästen beim Treffen 1980, wo Tausende die Berufung der Kirche mit neuen Augen sehen lernten.

Die Europäischen Jugendtreffen von Taizé machen Mut, im kirchlichen und gesellschaftlichen Leben Verantwortung zu übernehmen. Es wird kaum bestritten, dass der 1984 vom Papst Johannes Paul II. ins Leben gerufene Weltjugendtag sich in manchen Aspekten von dieser damals längst bewährten Grundform inspiriert.

„Wie an den Rand einer Quelle"

Deutlichster Hinweis auf das weltweite Ansehen, das die Communauté der Taizé genießt, ist zweifellos der Besuch von Johannes Paul II. während einer Reise in die Gegend von Lyon und Annecy im Oktober 1986. Sechs Jahre später kommt der Primas der anglikanischen Kir-

che und Erzbischof von Canterbury, George Carrey, mit 1000 jungen Anglikanern sämtlicher englischer Ortskirchen. Im Mai 1994 halten sich alle Bischöfe der evangelisch-lutherischen Kirche in Schweden gemeinsam auf dem Hügel auf.

Papst Johannes Paul II. hat Taizé bereits in seiner Zeit als Krakauer Erzbischof zweimal besucht: 1964 während des Konzils sowie 1968. An jenem kühlen Herbstmorgen 1986 bereitet ihm der Prior einen brüderlichen, herzlichen Empfang. Der Nebel auf dem burgundischen Hügel ist so dicht, dass kein Hubschrauber landen kann. So kommt der ungewöhnliche Pilger über die Landstraßen an sein Ziel und betritt die überfüllte Kirche der Versöhnung mit Verspätung. 7000 Jugendliche nicht nur aus allen Teilen Frankreichs

Papst Johannes Paul II. am 5. Oktober 1986 in Taizé

stehen bis auf die Straße hinaus, wo das Geschehen auf Fernsehschirme übertragen wird. Die ganze Nacht über hatten sie in der Kirche ein ununterbrochenes Gebet gehalten.

Nach den Begrüßungsworten Frère Rogers spricht der Papst: „Wie ihr, Pilger und Freunde der Communauté, ist der Papst nur vorübergehend hier. Man kommt nach Taizé wie an den Rand einer Quelle. Der Reisende hält an, löscht seinen Durst und setzt den Weg fort. (…) In allen Kirchen und kirchlichen Gemeinschaften und bis hinauf zu den höchsten politischen Verantwortlichen der Welt, ist die Communauté für das stets hoffnungserfüllte Vertrauen bekannt, das sie in die Jugendlichen setzt. Ich bin heute Morgen vor allem deswegen hier, weil ich dieses Vertrauen und diese Hoffnung teile." Er unterstützt Taizé ohne Wenn und Aber. Noch tiefer gehen die Worte, die er im Anschluss daran im Kreis der Brüder in der engen Sakristei sagt. Sie lassen für einen Augenblick die Kritiken konservativer Milieus im Vatikan an der Communauté verstummen. Freilich mindern sie nicht die Spannungen mit der Reformierten Kirche in Frankreich, die in der kritiklosen Freude am Besuch des Papstes ein weiteres Zeichen der Annäherung an den Bischof von Rom sehen.

12
Größere Gelassenheit (1986–2000)

Am 5. Oktober 1986 erklärt Johannes Paul II. vor etwa hundert Brüdern in der Sakristei der Kirche der Versöhnung: „Ich vergesse es nicht: In ihrer einzigartigen, eigentümlichen und in gewissem Sinn sogar vorläufigen Berufung kann eure Communauté Erstaunen hervorrufen und auf Unverständnis und Argwohn stoßen. Doch wegen eurer Leidenschaft für die Versöhnung aller Christen in einer vollen Gemeinschaft, wegen eurer Liebe zur Kirche werdet ihr – da bin ich ganz sicher – Wege finden, auch weiterhin für den Willen des Herrn verfügbar zu sein." Damit ist alles gesagt.

Der Papst erinnert daran, dass die Ökumene in seinem Dienstamt seelsorglichen Vorrang hat. Der immer wieder kritisierten Communauté sagt er nicht nur seine Unterstützung zu, sondern gibt zu verstehen, dass er die Taizé gegenüber geäußerten Vorbehalte kennt. Er braucht niemanden beim Namen zu nennen. Spielt er auch auf katholische Kirchenverantwortliche an? Bis hinein in seine nächste Umgebung? Auf jeden Fall geht mit dieser Erklärung eine Epoche zu Ende. In den Jahren zwischen 1974 und 1986 war die Communauté Verdächtigungen und Verurteilungen traditionalistisch orientierter Gruppen innerhalb der römisch-katholischen Kirche ausgesetzt gewesen. „Seither lässt man uns in Ruhe", sagt ein Bruder der Communauté.

Bischof Gérard Daucourt, von 1984 bis 1991 Mitarbeiter im Päpstlichen Rat für die Einheit der Christen, hat Hinweise darauf, dass die Annahme Einladung des Papstes nach Taizé während der geplanten Reise nach Lyon im Oktober 1986 in der Kurie hintertrieben wurde. Hierbei wurden praktische Gründe vorgeschoben; das eigentliche Motiv war jedoch, dass diese Einladung insbesondere auf ökumenischer Ebene die diplomatische Ausgewogenheit störte, welche die römischen Behörden mit maßgeblichen Kirchenverantwortlichen in Frankreich ausgehandelt hatten. Johannes Paul II. setzt sich mit seinem Besuch darüber hinweg. Der Lyoner Erzbischof, Kardinal Albert Decourtray, überbringt der Communauté im August 1986 Worte, die ihm der Papst selbst gesagt hatte: „Mit diesem Besuch möchte ich Taizé anerkennen." Anlässlich der Vorbereitung dieser Reise entsteht ein Vertrauensverhältnis zum Primas der französischen Kirche.

Auf der Ebene der katholischen Pfarrgemeinden, besonders in Frankreich, verschwinden noch bestehende Vorbehalte – gerade auch dank der Europäischen Jugendtreffen. Viele hatten das Phänomen lange Zeit mit Zurückhaltung verfolgt. Befürchtete man, dass die Jugendlichen an einen herzlichen und geschützten Ort abwandern und die Kirchen vor Ort sich noch weiter leeren? Seit Anfang der achtziger Jahre ändert sich die Einschätzung. Man versucht, sich der Jugend mit neuen religiösen Formen anzunähern. Heute herrscht die Überzeugung vor, dass ohne Taizé keinesfalls eine größere Zahl von Jugendlichen in den Kirchengemeinden zu finden wären. Ganz im Gegenteil: Anders als neue geistliche Bewegungen verweist die Communauté die Jugendlichen nach wie vor auf ihre Ortskirche. „Nach Taizé fahren heißt in vielen Fällen, sich darauf vorbereiten, zuhause irgendwo mitzuarbeiten", sagt ein Verantwortlicher der Jugendarbeit an den Realschulen und

Gymnasien in Verdun. Gruppen mit engen Horizonten suchen Taizé in der Regel nicht auf; ansonsten ist es heute ein nicht mehr wegzudenkender Ort kirchlicher Jugendarbeit aller Konfessionen. Hinzu kommt in Ländern wie Deutschland, dass Schulen und kirchliche Träger von Sozial- und Zivildiensten die Teilnahme an den Jugendtreffen in Taizé längst als eine höchst sinnvolle Möglichkeit für Projektfahrten, Tage der Orientierung oder Seminare auf freiwilliger Basis entdeckt haben. Auf diese Weise finden ganz von selbst auch Jugendliche ohne Bekenntnis und teilweise anderer Religion einen Zugang zu dem, was das gemeinsame Leben der jungen Leute auf dem Hügel ausmacht. Taizé ist Teil des religiösen Erbes Europas, auch wenn einige, gerade in Frankreich, lange gebraucht haben, um dies zu erkennen.

Es gab auch Stimmen, die den Papstbesuch in Taizé als „triumphalistisch" hinstellten; er war nicht unbedingt nach dem Geschmack der reformatorischen Kirchen Frankreichs. 1986 gab es immerhin seit etwa 15 Jahren praktisch keine institutionalisierte Beziehung mehr mit der Communauté. Und dass ein, mittlerweile verstorbenes, frühes Mitglied wenige Monate danach zum Katholizismus übertrat, half dem nicht gerade ab.

Eine diskrete Priesterweihe

1987 lässt sich Max Thurian abseits der Öffentlichkeit zum Priester weihen; er ist der bekannteste unter den Theologie treibenden Brüdern, neben Frère Pierre-Yves, der über die Ökumene, Bernhard von Clairvaux und die Zisterzienser arbeitet, sowie den Bibeltexte aufbereitenden Brüdern Frère John und Frère Richard. Max war leitend in der ökumenischen Theologengruppe „Groupe des Dombes" tätig. „Die vertrauliche Weihe in der Diözese Neapel war bezeichnend", meint der evangelische Pfarrer Michel Leplay, der seit 40 Jahren der Gruppierung angehört. „Sie bestärkte die gegen Katholiken eingestellten Protestanten in ihrem Verdacht: Wir haben es euch schon immer gesagt, dass Taizé von Rom vereinnahmt wurde! Uns in der ‚Groupe des Dombes' ging Max Stillschweigen sehr gegen den Strich." Dies war nicht nur auf evangelischer Seite so. Vielleicht galt es sogar noch mehr für die katholischen Theologen. Jesuitenpater Bernard Sésboüé, welcher der Gruppierung von 1967 bis 2005 angehörte und einer ihrer Vorsitzenden war, bestätigt: „Am 50. Gründungstag der Gruppe fehlte zu unserem Erstaunen Max, der unbestreitbar einer ihrer prägenden Gestalten war, ohne uns verständigt zu haben (…) Später erfuhren wir den Grund: Er hatte sich am 3. Mai 1987 in Neapel zum Priester weihen lassen. Erst im Januar 1988 hörte ich in Rom bei der katholisch-evangelischen Kommission der Weltallianz der Reformierten Kirchen davon. Ich kann noch immer nicht begreifen, warum er sich in Schweigen hüllte; das konnte unsere ökumenische Gruppe gefährden, dies habe ich ich ihm in aller Brüderlichkeit geschrieben."

In mehreren Briefen, die wir einsehen konnten, legte Frère Max die Gründe für sein Stillschweigen und sein Vorgehen dar: „Ich wollte, dass meine Entscheidung im Hintergrund bleibt, damit niemand – insbesondere nicht meine betagte Mutter – unter dem Aufsehen zu leiden habe, das man damit erregen konnte, und weil sie einem geistlichen Werdegang gemäß dem Evangelium entspricht", schrieb er an die Freunde der Gruppe. Und weiter: „Ich bewahre tiefe Achtung vor der reformierten Tradition, die mir das Wort Gottes kraftvoll vermittelt hat. (...) Seit langem fühlte ich mich tief katholisch (...). Mein Weg zum katholischen Priesterdienst besteht aus einem Zusammenwirken von theologischen Überlegungen, ökumenischen Gesprächen, liturgischen Erfahrungen und kirchlichen Ereignissen und Personen." Max zitiert das Konzil und stellt besonders die Betonung des Stellenwerts der Eucharistie durch das Zweite Vatikanum sowie „den sakramentalen Charakter des Weiheamts in der Kontinuität der Kirche der Apostel" heraus. Er vergisst auch nicht, „die durch die Nachfolger des Petrus garantierte Einheit" zu erwähnen, also die innere Geschlossenheit einer katholischen Kirche, die Stürme überstehen kann, weil ein Steuermann das Boot mit Autorität lenkt.

„Die Entscheidung hat mich bestürzt, weil sie mich völlig unerwartet traf", räumt Pfarrer Jacques Maury, ehemaliger Vorsitzender des Evangelischen Kirchenbundes in Frankreich, ein. „Max und ich haben 1942 gemeinsam ein Semester lang an der Genfer Theologischen Fakultät studiert; viel später arbeiteten wir in einer Kommission des ökumenischen Weltkirchenrates zusammen. Sein Denken war viel protestantischer geblieben als das von Frère Roger."

Der Prior wird des Übertritts verdächtigt

Bald wird Frère Roger, der für das Dienstamt des Papstes größtes Verständnis zu haben scheint, ebenfalls verdächtigt, insgeheim katholisch geworden zu sein. Wir können nur feststellen, dass er diesen Schritt niemals vollzogen hat. Sein Nachfolger, den wir danach befragen, verweist auf seine Aussagen in der Tageszeitung „La Croix" vom 7. September 2006: „Frère Roger ist niemals formell zum Katholizismus übergetreten", erklärt Frère Alois dort. „Wäre er das, hätte er es auch gesagt; er hat aus seinen Schritten niemals einen Hehl gemacht." Mehrere Personen, die dem Gründer von Taizé mehr oder weniger nahestanden, sagten uns, dass er beunruhigt – manchen zufolge sogar bestürzt – war, als er nach Wochenfrist durch einen Brief seines Gefährten der ersten Tage von der Priesterweihe unterrichtet wurde. Er dachte vor allem an die Konsequenzen, die dies für die ökumenischen Beziehungen haben konnte. „Ja, Frère Roger war erstaunt, erst im Nachhinein von dieser Priesterweihe zu erfahren", meint Frère Alois. „Aber er sagte oft zu uns, dass er sie auf der Stelle hinnahm, und fügte hinzu: Es ist an uns, alles zu tun, damit das Priestertum Max mit Frieden erfüllt und in seinem Leben zu einem Moment der Fülle wird. Keiner von uns Brüdern hat sich Frère Max gegenüber abschätzig geäußert, der weiterhin alle zwei Monate nach Taizé kam. Er feierte dort die Eucharistie und hatte in seinem Testament verfügt, im Dorffriedhof neben den Brüdern beerdigt zu werden."

Immerhin ist die Communauté so tief in Verlegenheit geraten, dass es Monate dauert, bevor sie sich öffentlich über die Weihe äußert: „Wir wollten den Wunsch von Frère Max respektieren, kein Aufsehen zu erregen", heißt es zur Begründung. Ein verständlicher Grund, aber war er der Lage angemessen? Als das Gerücht sich überall verbreitet, verkündet die Gemeinschaft in einer Pressemitteilung die Priesterweihe des Theologen und fügt hinzu, dass er nicht der erste Priester der Communauté sei – zu dieser Zeit sind vier Brüder Priester. Aber Max ist der erste evangelische Bruder und nicht gerade unbekannt. Die Unruhe, zu der diese Ordination führt, bringt im Übrigen auch Rom in Verlegenheit. Sie gibt später auch Gerüchten über einen „geheimen Übertritt" Frère Rogers Nahrung. Der Heilige Stuhl bittet sogar einen der Communauté nahestehenden französischen Bischof, mehr darüber in Erfahrung zu bringen. Dessen umsichtige Untersuchung ergibt, dass nichts dergleichen vorliegt.

Aus allen Wurzeln und ohne Ausgrenzung leben

Manche mögen in den Erklärungen des Gründers der Communauté über den Katholizismus Zweideutigkeiten ausmachen, die von seiner Lage als Grenzgänger zwischen verschiedenen Traditionen herrühren. Frère Roger blieb indes stets auf der Linie, die er am 25. Mai 1975 vor Bischof Wojtyła im polnischen Kattowitz so beschrieb: „Dem Bischof von Rom wird abverlangt, dafür Vorkehrungen zu treffen, dass die Versöhnung der Christen sich so vollzieht, dass die Nichtkatholiken nicht aufgefordert werden, eine Verleugnung ihrer Herkunftsfamilie vorzunehmen. Selbst im Blick auf eine universalere, ökumenischere, wahrhaft katholische Gemeinschaft ginge ein solches Verleugnen gegen die Liebe." Im Dezember 1980 sagte er dies erneut öffentlich vor dem Papst in Rom: „Ich fand meine Identität als Christ darin, in mir den Glauben meiner Ursprünge mit dem katholischen Glauben zu versöhnen, ohne mit irgendjemandem zu brechen." Lebensgefühl eines Menschen, der auf zwei Hochzeiten tanzen will? Bischof Daucourt, der ihn außerordentlich gut kannte, meint: „Er hat ganz und gar aus allen seinen christlichen Wurzeln gelebt, den evangelischen, katholischen und auch orthodoxen. Ein weltweit einzigartiger Fall!" Und eine Gegebenheit, die nicht wenige fassungslos macht: „Frère Roger lehnte die ausgrenzende Perspektive unserer Theologien ab", befindet Gill Daudé, der aktuell für die ökumenischen Beziehungen des evangelischen Kirchenbundes in Frankreich zuständig ist. „Darin besteht seine Originalität. Für unsere Kirchen, die ihrem Gepräge verpflichtet sind, kann man nur katholisch oder evangelisch sein, nicht beides auf einmal. Und es war nicht möglich, die Eucharistie oder das Abendmahl miteinander zu teilen. Frère Roger lehnte solche Ausgrenzungen ab, die in seinen Augen überholt waren." Er sprach von einem „Geheimnis der Gemeinschaft", das keine ausgrenzenden Entscheidungen trifft, und suchte bis zum Ende ohne jeden Synkretismus in einer noch unbeschreibbaren Einheit zu leben.

Vor diesem Hintergrund sah sich Pfarrer Daudé veranlasst, in derselben „La-Croix"-Ausgabe vom 7. September 2006 über den vermuteten insgeheimen Übertritt Frère Rogers zu schreiben: „Achten wir das Gedenken Frère Rogers! Wenn wir in Schubladen stecken, was er nicht in Schubladen stecken wollte, entziehen wir uns auf billige Weise dem Anspruch eines Weges der Versöhnung, der uns stört." Jedermann kann sehen, wie der Prior von Taizé im April 2005 anlässlich des Beerdigungsgottesdienstes Johannes Pauls II. aus der Hand Kardinal Joseph Ratzingers die Kommunion erhält. Wie alle Brüder von Taizé hat er seit 1972, dem Jahr, in dem der erste katholische Bruder sein Gelübde ablegte, öffentlich und offiziell die katholische Eucharistie empfangen, später auch aus der Hand Johannes Pauls II. Zum ersten Mal erhielt er sie mit Genehmigung Roms von Bischof Armand Le Bourgeois, ohne ein anderes Glaubensbekenntnis als das allen Christen gemeinsame Credo abzulegen. Einmal, im Februar 1979, wurde ihm die Kommunion bei der Vollversammlung der südamerikanischen Bischöfe in Puebla durch deren Generalsekretär, Msgr. López Trujillo, verweigert; auch bei anderer Gelegenheit gab es den einen oder anderen Versuch. Die offensichtliche Kränkung ging damals durch die Presse. Nachdem Roger die Gegebenheiten erläutert hatte, wurde ihm auch in Puebla die Kommunion gereicht.

Es ist interessant festzustellen, dass evangelische Christen den verstorbenen Prior als erste in Schutz nahmen – und zwar in einer Angelegenheit, die sie genauso gut hätte verbittern können: Als Jean-Arnold de Clermont 2007 vom Vorsitz des evangelischen Kirchenbundes in Frankreich zurücktrat, sagte er: „Man soll die Vergangenheit ruhen lassen. Es war Zeit, das Kriegsbeil zu begraben und die bemerkenswerte Arbeit der Communauté bei der Evangelisierung der Jugend zu unterstützen." In den Beziehungen zwischen Taizé und dem französischen Protestantismus unterscheidet der Vorsitzende drei Perioden: „Von 1944 bis 1975 betrachteten wir Taizé als evangelische Gemeinschaft ökumenischer Berufung. Von 1975 bis 1990 dauerte der Bruch. Seit 1990 haben sich die Beziehungen normalisiert."

Das Europäische Jugendtreffen 2007 in Genf

Regelmäßig kommt es zu herzlichen Begegnungen zwischen Verantwortlichen der reformatorischen Kirchen und Frère Alois. Das geduldig wieder geknüpfte Vertrauensverhältnis wird heute dadurch erleichtert, dass ein Katholik der Communauté vorsteht. Damit ist der lange Zeit bei manchen evangelischen Christen genährte Verdacht, ein „früherer Pfarrer" habe einen Verrat begangen, gegenstandslos. Dass die Wahl für das Europäische Jugendtreffen im Dezember 2007 auf Genf fällt, ist ein sprechendes Symbol für die Rückkehr zu den Quellen. Freilich können sich die reformierten Christen in der Stadt Calvins nicht ohne weiteres für das Projekt erwärmen; der Genfer Konsistorialrat erlebt im Oktober 2006 eine stürmische Sitzung. Schließlich gelingt es den Befürwortern der einzigartigen Gelegenheit, zehntausende junge Christen aus ganz Europa zu Gast zu haben, die nicht geringe Minderheit zu überzeugen, welche „die Vergangenheit nicht ruhen lassen wollte".

Sie werden nicht enttäuscht: 40.000 Jugendliche – darunter 10.000 Schweizer, 9000 Polen und ebenso viele aus den mittel- und osteuropäischen Ländern – wecken vom 28. Dezember 2007 bis zum 1. Januar 2008 die schläfrige Stadt Calvins. Zu über 90 Prozent werden sie in Familien der ganzen Gegend aufgenommen. Fast 200 evangelische, orthodoxe und katholische Kirchengemeinden haben sie gemeinsam zu Gast. „Es ist erstaunlich, was in Genf geschah", meint Frère Émile. „Das Erlebnis von Einheit und Gastfreundschaft hat alle Teile der Gesellschaft berührt, weit über die Christen hinaus." Auf dem Messegelände der Stadt ruft Frère Alois, Nachfolger des Schweizer Gründers der Communauté, zur Versöhnung aller Christen auf: „Wie können wir glaubwürdig sein, wenn wir von einem Gott der Liebe sprechen und dabei getrennt bleiben? (...) An euch Jugendlichen ist es, die Initiative zu ergreifen."

Gegenwind im Dorf

Ende der neunziger Jahre finden auch Unverständnis und Spannungen von Seiten einer Minderheit der Einwohner von Taizé und Ameugny ein Ende, die sich mehr und mehr als Fremde im eigenen Dorf gefühlt hat. Mit dem Zustrom der Besucher seit Ende der sechziger Jahre, mit den damit einhergehenden Beeinträchtigungen und der sich vergrößernden Infrastruktur fühlten sich die Bewohner im Tal der Grosne nicht länger heimisch. Frère Hervé, einer der Brüder, die im Gemeinderat von Taizé sitzen, hat dafür Verständnis: „Nach anfänglich vertrauensvollen Beziehungen, welche durch die Integration der Communauté in die Arbeit der Landwirte der Gegend insbesondere durch die Copex entstanden waren, wurde der wachsende Zustrom Jugendlicher nicht immer verstanden, wenngleich sich viele darüber freuten. Die Jugendtreffen brauchten größere Flächen und Häuser; Jugendliche störten das ruhige Leben der Dörfer, schon allein durch ihre große Zahl." Die jungen Leute singen im Freien, streifen unbedarft über die bestellten Felder; und manchmal stehen die Landwirte vor Straßensperren, weil ein überbordender Verkehr zu regeln ist. Zudem ziehen die Menschen in den Dörfern aus dem sich mausernden Wallfahrtsort kaum Gewinn. Um ein weiteres Lourdes mit seinen „Tempelhändlern" zu vermeiden und den Jugendlichen Produkte zum Selbstkostenpreis anbieten zu können, hatte Frère Roger alle kommerziellen Projekte stets strikt abgelehnt. An Ansätzen dazu fehlte es nicht. Der Gründer von Taizé behauptete sogar, 1972 die Errichtung eines Hotelkomplexes dadurch verhindert zu haben, dass er drohte, die Gegend zu verlassen. „Die Beziehungen wurden durch die Landflucht verfälscht, unter der wir seit den sechziger Jahren zu leiden hatten", meint Bürgermeister Jean Dorin von Taizé. „Es war gut, eine Geschäftigkeit wie in Lourdes von vorneherein zu unterbinden, aber die Menschen in der Gegend konnten nicht begreifen, warum sie nicht dennoch daraus Gewinn erzielen sollten. Zudem gaben die mit den 68er-Ereignissen in Verbindung stehenden Jugendtreffen ein beunruhigendes Bild ab, das sich erst im Lauf der Jahre besserte." Das Dorf selbst hat 160 Einwohner, dazu haben 75 Brüder und 40 ständige Mitarbeiter, einige davon mit Familie, hier ihren Wohnsitz.

Im Nachbardorf Ameugny bewohnen außerdem einige mit der Communauté befreundete Leute das eine oder andere Haus, auf das Einheimische ein Auge geworfen hatten. Mehr ist nicht nötig, um wieder einmal eine antiklerikale Windböe durch eine Gegend wehen zu lassen, welche jahrhundertelang die selbstherrliche Machtausübung der Abtei Cluny zu spüren bekommen hatte.

Tägliches Zusammenleben

Die Beziehungen wurden und werden dadurch erleichtert, dass immer wieder Familien mit Kindern verschiedener Nationalität in Ameugny und Taizé wohnen. Derzeit lebt eine ungarische Familie mit drei Kindern im Dorf. „Durch die Kinder wurden wir hier schnell heimisch", meint die Mutter. Sie sitzt im Elternbeirat, engagiert sich kommunal und unterhält enge Beziehungen mit den anderen Einwohnern. „Nach der Taufe unserer jüngsten Tochter im Jahr 2000 in der Dorfkirche luden wir die Dorfbewohner zu einem Fest in einem Raum der Communauté ein." Die Brüder, die sich aufgrund der großen Jugendtreffen weniger in das Gemeindeleben eingebracht haben, halten nun wieder mehr Kontakt. „Ich legte Frère Roger vor nunmehr 13 Jahren nachdrücklich nahe, dass ein Bruder als mein Referent an den Entscheidungsfindungen im Dorf teilhaben sollte", meint Jean Dorin. Heute sitzen im Gemeinderat zwei bis drei Brüder, die auch in überkommunalen Angelegenheiten tätig werden.

Zur Verbesserung der Beziehungen mit den Einwohnern hat sicher am meisten beigetragen, dass von 1995 an ein Dutzend Arbeitsplätze in der Küche, der Wäscherei und dem Anmeldebüro der Jugendtreffen geschaffen wurden. Beim Bau und Unterhalt der Gebäude für die Treffen werden ebenfalls viele Handwerker der Gegend beschäftigt. Wie eng die Verbundenheit letztlich ist, zeigt sich beim Tod Frère Rogers im August 2005. „Die Beziehungen mit den Einwohnern sind heute ausgezeichnet", merkt Frère Hervé an. „Vielleicht erschienen wir zu der Zeit, als wir sie etwas weniger pflegten, für einige recht undurchsichtig." Auch hier also ein Brückenschlag im täglichen Zusammenleben – durch Aufmerksamkeit füreinander.

13

Eine Frische,
die nicht vergeht

Generationen haben sich im Lauf der Zeit in Taizé abgewechselt, aber der Ort hat sich sein junges Gesicht bewahrt. Wie kann man seit mehr als einem halben Jahrhundert dermaßen viele Jugendliche zu Gast haben, die einander begegnen und zusammen beten wollen? Das Abenteuer ist mit den jungen Leuten, die es begannen, nicht gealtert. Heute ziehen ihre Enkel, ja Urenkel auf den Hügel – nicht weniger begeistert als sie selbst es seit Ende der vierziger Jahre gewesen sind. Worin liegt das Geheimnis dieser Frische, die ein Journalist als „ewige Jugend" bezeichnet hat? Es mangelt nicht an ungläubigen Beobachtern und an faszinierten, ein wenig neidischen Trägern der Seelsorge, die den Brüdern diese Frage stellen. Der erste war wohl Papst Paul VI. bei einer Audienz 1972: „Wenn Sie den Schlüssel zum Verständnis der Jugend haben, Frère Roger, dann geben Sie ihn mir." Schon 1958, am 2. Mai, schreibt Hubert Beuve-Méry in seinem Blatt: „Vielleicht liegt das Geheimnis in den baren Händen einiger anscheinend mittelloser Männer, die tastend versuchen, wieder eine Werteskala aufzustellen und einen Lebensstil zu finden." Die Frage bleibt aktuell; sie wird immer wieder auch in Diplomarbeiten und Universitätsseminaren behandelt.

Zuhören und begreifen

1996 lud die französische Bischofskonferenz Frère Emile zu einer ihrer Vollversammlungen ein, bei der das Thema Jugendarbeit auf der Tagesordnung stand. „Wir haben kein Geheimnis", sagte er dort. „Wir sind keine Fachleute in Sachen Jugend. Die Jugendlichen, die zu uns kommen, sagen schlicht: Hier fühlen wir uns zuhause."

Gewiss reisen sie auf den Hügel, weil sie spüren, dass ihnen dort Vertrauen entgegengebracht wird, und weil man sie dort annimmt und ihnen zuhört. „Sie kommen, weil sie nach einer Quelle suchen, nach einem Sinn für ihr Leben", erläuterte Frère Roger oft. „Sie kommen mit ihren Fragen und manchmal auch, um sich einer Last zu entledigen." An ihrer Seite zu stehen, ohne sie einzuordnen, ihnen manchmal bis zur Erschöpfung zuzuhören, darin sah der Prior von Taizé seine Berufung: „Ich habe dies vielleicht nur deshalb herausgefunden, weil auch ich es in meiner Jugend nötig hatte, dass mir jemand zuhörte", meinte er. „Es fehlte mir ihr jemand, der bereit war zuzuhören."

„In einer Zeit, in der die geistliche Begleitung auf breiter Ebene noch kaum praktiziert wurde, sah er deutlich deren Stellenwert", stellt der französische Psychoanalytiker Jacques Arènes fest. „Seine Pädagogik der Innerlichkeit beeindruckt mich, die Demut in den Äußerungen und die Einfachheit, welche die Jugendlichen anrührte; er hatte einen modernen Zug, der in der ältesten Tradition wurzelte."

Die Gabe des Zuhörens vermittelt Frère Roger klare Einsichten, weil er sich dadurch stets neu an der Kultur und der Psychologie der Jugend orientieren konnte. Wie die Philosophin Marguerite Léna einprägsam formuliert: „Er verstand es, sich zum Zeitgenossen der Lebensgeschichte jedes einzelnen zu machen." So blieb er auf der Höhe der aufeinander folgenden Generationen. 1966 sagte er: „Es ist gut möglich, dass sich die Ungeduld der Jugend bald entlädt." Seine Biografin Kathryn Spink hebt hervor: „In seinen Büchern spürt man ein tiefes Verständnis für die Sorgen der Jugendlichen, denen er in Taizé aufmerksam zuhört." Mit dem Band „Kampf und Kontemplation" ging er 1973 auf die Revolte einer ganzen Generation ein. Im späteren Buch „Einer Liebe Staunen" (1976) stellte er fest, dass nunmehr existenzielle Fragen in den Vordergrund traten, während er in „Blühen soll deine Wüste" (1982) sein Augenmerk schon auf die Entmutigung, die Zweifel, die verbrauchte Zukunft der damaligen Jugendlichen richtete.

1988 sagte er zu uns: „Die Jugendlichen von heute unterscheiden sich letztlich nicht besonders von denen von gestern. Die Lebensumstände verändern sich, das Herz des Menschen nicht. Verlassenheit, der Abbruch von Beziehungen prägen sie am stärksten. Ihr tiefstes Leid: Zwietracht unter Menschen, die ihnen das Leben geschenkt haben." Und er fügte hinzu: „Wie kommt es, dass sie so viel Vertrauen auf uns alte Leute haben?"

Nie aufgekündigtes Vertrauen

Dieses nie aufgekündigte Vertrauen beeindruckt Gäste auf der Durchreise. Marguerite Léna unterstreicht, was ein solcher Ort der Freiheit und der Verantwortung für die Bildung der Jugendlichen ausmacht. „Es gibt dort ein geregeltes Leben, das wenig festgelegt ist und an die Verantwortung des Einzelnen appelliert", erläutert sie uns. „Erzieher stehen an den Bruchstellen unserer Gesellschaft mit ihren Krisen und ihrer ungewissen Zukunft, und in diesem Sinn wird auch in Taizé wesentliche Bildungsarbeit geleistet." Zunächst dadurch, dass den Jugendlichen wesentliches Selbstvertrauen vermittelt wird.

Unbestreitbar ist hierbei Vertrauen ein Schlüsselwort. Frère Rogers geistliche Texte sind vom Inhalt her eher klassisch, schlagen aber einen neuen Ton an: „Wir finden bei Frère Roger einen Stil, der uns über uns selbst hinaus führt, ein Wort, das so sehr aus einem Anderswo kommt, dass es uns nahegeht", merkt Pfarrer Leplay an. „Seine geistliche Prosa will nicht überzeugen, sondern bezeugen, und zwar einen Weg von sich selbst zu sich selbst, von sich selbst zu den anderen, von Gott zu allem und von allem zu Gott." Frère Roger spricht starke, klare Wahrheiten aus, die in der Tradition wurzeln, und vermittelt dennoch niemals den Eindruck, seine Gedanken in unwiderrufliche Formeln zu gießen. Häufig spricht er in unvollendeten Sätzen, die er immer wieder abändert, zögernd und mit Pausen.

Gebet als Bindemittel

Der andauernde Erfolg von Taizé liegt letztlich weniger in einem ausgearbeiteten Projekt der Jugendarbeit begründet als vielmehr in der Beweglichkeit seiner Gestaltung, in der Freiheit eines Ortes, der sich stets eine tiefe geistliche Verwurzelung bewahrt hat. Am Anfang steht das Gebet. Es bleibt das Bindemittel des Abenteuers; ein Band, das eine Generation mit der nächsten verbindet. Fast immer wird es als erster Beweggrund genannt, den burgundischen Hügel aufzusuchen. Es ist ein stilles, ja stammelndes, eigenwilliges, gelassenes Gebet, das auch mit Halleluja-Rufen in Lobpreis ausbrechen kann, es ist innere Sammlung und Fest zugleich. Als Grundpfeiler des Gebets erfreut sich der Gesang größter Beliebtheit. Die Gesänge von Taizé gehören heute zum Repertoire zahlreicher Kirchengemeinden in Europa und auf den anderen Erdteilen. „Das Singen vermittelt das Gefühl, etwas Größerem anzugehören als man für sich allein ist", meint ein Jugendlicher. Ein anderer geht noch weiter: „Als ich zum ersten Mal nach Taizé kann, hat mich der mehrstimmige, harmonische Klang-Ozean schwer beeindruckt."

„In einer Welt, in der die Bewahrung von Innerlichkeit nicht leicht ist, hat Taizé Grundlagen geschaffen, die es Jugendlichen ermöglichen, in sich zu gehen", unterstreicht Jacques Arènes. Die angenehme Atmosphäre in der Kirche mit gedämpfter Beleuchtung und vielen kleinen Lichtern im Halbschatten erinnert an die Kindheit, vielleicht sogar an die Geborgenheit im Mutterschoß. Es ist interessant, festzustellen, dass kleine Kinder – nicht nur jene, die in der Nähe des Priors sitzen – auch bei langen Gottesdiensten nicht ungeduldig werden. Die Dimension enger Verbundenheit hat im erhabenen Sinn des Wortes etwas Sinnliches. „Gott mit unseren Sinnen begegnen", pflegte Olivier Clément zu sagen, der in seinem Buch „Taizé – einen Sinn fürs Leben finden" schreibt: „Taizé lehrt die Jugendlichen, eine Beziehung zwischen dem inneren Leben, dem liturgischen Leben und zwischenmenschlicher Solidarität herzustellen." Wie viele mögen in Taizé zum ersten Mal jene Innerlichkeit erfahren haben, die Olivier Clément beschreibt, der selbst bis zu seinem 30. Lebensjahr Atheist gewesen ist? „Als ich zum ersten Mal betete, war es, als würde plötzlich etwas durchreißen, als würde das undurchdringliche Dunkel aufreißen und eine Quelle, die verschüttet war, wieder sprudeln."

Gesang als Freiheit

„Vom ersten Tag an spielte die Musik in der Communauté eine große Rolle", betont Frère Roger immer wieder. Nach den Hugenottenpsalmen und den Psalmen Joseph Gelineaus, wird bald eine Form von Gesängen gefunden, die in der Vielfalt von Kulturen und Sprachen auf europäischer wie auf Weltebene bestehen kann. Mitte der siebziger Jahre sucht Frère Robert, der älteste Musiker in der Communauté, den Pariser Komponisten und Organisten Jacques Berthier auf, der eine Unzahl von einfachen Kanons und Ostinatos schreibt, die sich schnell einprägen. „Frère Robert hatte einen Blick für das Kommende", meint Michel Wackenheim, Chefredakteur zweier liturgischer Zeitschriften und seit 40 Jahren selbst aktiver Komponist. „Taizé stützte und stützt sich auf Bewährtes, Neoklassisches, das sich nicht abnutzt und alle Generationen anspricht. Es scheute sich nicht, auf Latein zurückzugreifen, als dies im Allgemeinen verpönt war." Die Gesänge beruhen auf dem Erbe der Ost- und der Westkirche, und die sich wiederholenden Melodien, die Sätze aus der Bibel und von Kirchenvätern oder auch modernen Autoren wie Dietrich Bonhoeffer, lassen sich schnell erlernen und sind tiefgründig. Dazu werden in verschiedenen Sprachen Soloverse gesungen. Auch für Pausen, die beim Singen durchatmen lassen, ist gesorgt.

Joseph Gelineau spricht mit Bewunderung über die musikalische Weiterentwicklung, die er seit über 50 Jahren miterlebt hat: „In der Musikgeschichte der westlichen Welt, welche die Liturgie Jahrhunderte lang geprägt hat, haben die Gesänge im Allgemeinen ihren festgelegten Platz und eine festgelegte Dauer. In Taizé schafft die musikalische Gestaltung dagegen einen Freiraum, der erst dann endet, wenn es angebracht ist. Der Gesang füllt den Kopf nicht mit Begriffen, sondern macht ihn frei."

Nach dem Tod Jacques Berthiers 1994 komponieren drei Brüder, Frère François, Frère Alois und Frère Jean-Marie in diesem Sinne weiter. „Bei den Gesängen versöhnen sich das Universale, das Latein des Magnificat oder das Griechisch des Kyrie, mit dem Speziellen, den Nationalsprachen; so trägt das Singen zur Versöhnung von Kulturen bei", meint Frère Jean-Marie, der auch zu den Solisten gehört. „Es ist uns ein Anliegen, dass jede und jeder dank schlichter Worte und leicht zu erlernender Melodien zur Einfachheit des Gebets findet." Diese Einfachheit, die keine Einfältigkeit ist, kann nicht jeder liturgisch Bewanderte verstehen. „Einige Sätze aus der Bibel, ein paar Fürbitten, klangvolle, aber auf eine oder zwei Zeilen begrenzte Gesänge sowie eine beeindruckende Zeit, in der es ganz still ist: Der Inhalt ist auf weniges zurückgefahren, aber die Liturgien sind dennoch sehr durchgestaltet", erkennt Pfarrer Jean-Arnauld de Clermont an. Ohne am Wesentlichen zu rühren, werden die drei Stundengebete so schlank wie möglich gehalten, frei von allem, was an Formen oder Ausführungen bei den Jugendlichen Langeweile aufkommen lassen könnte. Die Kargheit hat hier ästhetische und pädagogische Funktion. Der Philosoph und enge Freund der Communauté Paul Ricœur hat einmal geschrieben, dass „die Sprache, die einem in Taizé vorgesetzt wird, nicht die der Philosophie, nicht einmal die der Theologie, sondern die der Liturgie ist." Die Bibel, die bei den Gebeten einfach aus sich selbst heraus wirken soll, wird an jedem Vormittag im Rahmen der Treffen allen Besuchern durch die Brüder ausgelegt.

Die verschiedensten Register ziehen

Für den Soziologen Fabien Gaulué erklärt sich die Jahrzehnte währende Anziehungskraft von Taizé mit „einer außerordentlichen Vielfalt an Klangfarben, an geistlichen, gefühlsbetonten, beziehungsfähigen, ethischen, ästhetischen, interkulturellen, festlichen und anderen

Noten, über welche die Tastatur von Taizé verfügt." Es ist eine Form, die allen offen steht und damit auch das Phänomen „Wallfahrt/Pilgerweg" erneuert hat. Einer Generation, die sich ihrer religiösen Identität durchweg ungewiss ist, bietet sie den Vorteil, in Abstufungen und Schattierungen teilnehmen zu können. „Taizé hat dazu beigetragen, dass im katholischen Kontext eine Form von Mobilisierung heimisch werden konnte, die der evangelischen Tradition seit langem bekannt war", schreibt die Religionssoziologin Danièle Hervieu-Léger: „Die Tradition emotional geprägter Versammlungen (…), bei denen das Zeugnis der Teilnehmer (…) für die Glaubenseinstellung identitätsstiftend wirken kann." Hervieu-Léger ist der Meinung, dass die „Werkstatt Taizé" zur Entstehung eines neuen Modells zeitgenössischer religiöser Praxis geführt hat – zu einer „Pilger-Religiosität", die sich von der territorialen Praxis, dem Modell der Kirchengemeinde, absetzt.

Dieser Analyse kann der Priester und Soziologe Guy Lescanne, der sich auf die Untersuchung der Jugendarbeit spezialisiert hat, jedoch nicht ganz folgen: „Ich würde nicht eine Pseudo-Bewegung der Communauté de Taizé der Stabilität von Institutionen gegenüberstellen. Vielmehr handelt es sich um eine Form, die zwischen beiden Modellen hin und her wechselt. Taizé ermöglicht praktizierenden Christen, vorübergehend zu Pilgern zu werden, aber auch vorübergehenden Pilgern, zu praktizierenden Christen zu werden. Wie viele Jugendliche haben durch die ihnen Sicherheit verleihende Verankerung der Communauté für sich selbst wieder die religiöse Praxis entdeckt." Diese Form ist zudem bestens geeignet, um etwas von der Innerlichkeit des Lebens zu erfahren und sich gleichzeitig der gemeinschaftlichen Dimension zu öffnen. Wer als Jugendlicher nach Taizé kommt, erlebt den Aufenthalt oft als ein grundlegendes Ereignis im eigenen Leben, ganz gleich welchen Weg er oder sie anschließend einschlägt. Lescanne, der früher ein Priesterseminar geleitet hat, fügt hinzu: „Ich behaupte nicht, dass Taizé uns viele Berufungen einbringt. Ich stelle jedoch fest, dass unsere Seminaristen mehrheitlich schon in Taizé gewesen sind. Und dass dies für ihr Leben von Bedeutung ist."

Eine sich erneuernde Gemeinschaft

Es beeindruckt immer wieder, wie jung die Mitglieder der Communauté de Taizé sind. In der Tat schließen sich immer wieder neue Brüder an. Ein Drittel der etwa hundert ist unter 40, ein knappes Drittel über 60 Jahre alt. In den ersten beiden Jahren nach dem Tod Frère Rogers sind acht Jugendliche eingetreten, alle in den Zwanzigern. Sie kamen aus vier verschiedenen Erdteilen und auf ebenso unterschiedlichen Lebenswegen nach Taizé: ein Klempner aus dem Senegal, ein Franzose mit Geschichtsstudium, ein Indonesier, der evangelische Theologie studiert hat, ein chilenischer Sozialarbeiter, ein deutscher Abiturient, der in Taizé seinen Zivildienst ableistete usw. Alle Neuen arbeiten zunächst als Freiwillige an den Jugendtreffen mit. Begleitet von einem älteren Bruder stellen sie sich etwa ein Jahr lang die Frage nach ihrer Berufung. Dann erhalten sie das „Gebetsgewand" und beginnen eine „Vorbereitungszeit" von mindestens drei Jahren, die mit dem Lebensengagement endet. Während dieser Zeit wird nicht von Novizen, sondern von „jungen Brüdern" gesprochen. Sie lassen ihre Entscheidung reifen, indem sie sich an der Arbeit der Communauté beteiligen und eine theologische Grundausbildung durchlaufen. „Es kommt vor, dass sich während der drei Jahre eine andere Orientierung abzeichnet", meint Frère Jean-Marie, einer von den Brüdern, welche die jungen Brüder begleiten.

Es ist nicht selbstverständlich, in ständiger Spannung mit der Betriebsamkeit der Welt kontemplativ zu leben. Deshalb sind Zeiten zur geistlichen Vertiefung und zur persönlichen Einkehr vorgesehen, um sich „immer wieder dem inneren Leben zu widmen", wie Frère Alois betont. Es gilt, nicht nur ein bisweilen Stürmen ausgesetztes gemeinschaftliches Leben zu führen, sondern sich auch in andere Kulturen einzufühlen. In der Gemeinschaft sind nicht weniger als 30 Nationalitäten vertreten. „Dies stellt einen großen Reichtum, aber auch eine enorme Herausforderung dar", meint der Nordamerikaner Frère Jean-Marie. „Man braucht Fingerspitzengefühl, um andere nicht zu verletzen, deren Empfindlichkeit und Einstellung je nach Herkunft ganz verschieden sein können." Die Communauté besteht je zur Hälfte aus Brüdern der reformatorischen Kirchen bzw. der anglikanischen Kirche und der katholischen Kirche.

Stillschweigende Übereinstimmung

Das gemeinschaftliche Leben ist ohne ein Hinhören aufeinander undenkbar. Dazu gibt es nicht viele Sitzungen, sondern einmal im Jahr, im Januar, einen Bruderrat, der zugleich eine Einkehrzeit für die Communauté darstellt. Hier werden freimütig Gespräche geführt; die Entscheidungen trifft dann der Prior. Sie wachsen in vielen Gesprächen unter vier oder mehr Augen und aus einer gewissen stillschweigenden Übereinstimmung. Die Intuitionen des charismatischen Gründers eilten den Vorstellungen der Brüder oft voraus: „Die kühnen Schritte Frère Rogers brachten uns manchmal fast aus der Fassung. Auch wenn wir ihre Tragweite auf Anhieb nicht ermessen konnten, wussten wir, dass sie im Sinn evangelischer Einfachheit waren", meint ein Bruder. An einem Dezembermorgen 1977 meint Frère Roger in der Pfahlbau-Baracke auf dem chinesischen Meer, wo ein Dutzend Brüder und die männlichen Mitglieder des interkontinentalen Teams einen einfachen Schlafsaal teilen: „Diese Einfachheit sollten wir auch in Taizé leben: Bilden wir Schlafsäle." Der Vorschlag wird im folgenden Bruderrat angenommen. Und dann sieben Jahre lang in die Tat umgesetzt. Bis der Prior diese Form , die nicht immer mit dem kräftezehrenden Einsatz für die Jugendlichen vereinbar ist, wieder aufhebt.

Der für die Communauté Verantwortliche wird nicht von den Mitgliedern gewählt, wie es in den meisten Orden geschieht. Wer diesen Dienst als Prior ausübt, sichert seine Nachfolge, heißt es in „Die Quellen von

Taizé", der Regel der Brüder. Schon 1978 entscheidet sich Frère Roger ohne Aufsehen für seinen Nachfolger. Damals ist Frère Alois vier Jahre Mitglied der Communauté und eben 24 Jahre alt geworden. Eine intuitive Entscheidung, die der Gründer danach 20 Jahre lang prüft. Beim Bruderrat 1998 stellt er schließlich den deutschen Katholiken vor. Sieben Jahre vor seinem tragischen Tod.

Nicht nur ein juristisch eingestelltes Organisationstalent wird diese Vorgehensweise infrage stellen – in Taizé scheint sie kein Problem zu sein. Die Mitglieder der Communauté behaupten, sie würden die Entscheidungen brüderlich mittragen. Und Frère Alois, der seine neue Verantwortung nicht als Einzelgänger ausübt, versichert: „Die Communauté stellt sich voll und ganz den Schwierigkeiten, die bei einer solchen Vorgehensweise auftreten. Entscheiden heißt nicht aufzwingen. Diese Art erfordert, dass wir Brüder vertieft aufeinander eingehen. Sie hängt damit zusammen, dass wir nach wie vor unser Leben nicht durch Strukturen absichern wollen." Die Communauté de Taizé ist also weiterhin für Überraschungen gut.

14

Eine Brücke zur Welt des Nichtglaubens

Generationen vergehen. Aber der Ort Taizé, an dem „die Frage des Menschen offen bleibt", wie der orthodoxe Theologe Olivier Clément in Anlehnung an ein Wort des russischen Filmemachers Andrej Tarkowski sagt, zieht weiterhin viele Menschen an und bewegt sie. Nicht nur Christen. Vielleicht liegen auch darin das Geheimnis und der Erfolg von Taizé. „Es beeindruckt mich, wie viele Leute, die an den überraschendsten Stellen in Kultur, Kommunikation und Showgeschäft tätig sind, sagen, dass ein Aufenthalt in Taizé sie geprägt hat", meint Frère Émile. Die meisten erinnern sich an unbeschwerte Stunden dort, an das Gefühl, sich wie zuhause zu fühlen. Sie berichten von der Eintracht unter äußerst unterschiedlichen Menschen, auch was die spirituellen Einstellungen betrifft. In Taizé werden Brücken selbst zu entfernten Welten gläubiger Existenz geschlagen. Die Communauté zog bekannte Agnostiker wie Hubert Beuve-Méry, den Gründer der Tageszeitung „Le Monde", und Staatspräsident François Mitterrand an.

Bekannte Leute, unbekannte Leute

Es lässt sich kaum feststellen, welche Berühmtheiten in ihrer Jugend in Taizé gewesen sind. Bei Gesprächen stellt sich heraus, dass sie unter anderem aus der Welt des Theaters und des Kinos kommen, wie der deutsche Filmemacher Wim Wenders. Manche sind in Taizé aufgefallen, andere nicht. Die französische Schauspielerin Juliette Binoche, die in einem Film die Rolle von Maria Magdalena gespielt hat, erzählte in einem Interview der BBC: „Ich war mit 15 Jahren mit meiner Klosterschule dort. Ich wollte herausfinden, warum es mir beim ersten Besuch als Neunjährige so gut gefallen hatte. Ich erinnere mich an ein barmherziges, menschliches Gefühl, als wir gemeinsam sangen." In der Sendung summte sie „Bleibet hier" und fuhr fort: „Ich erinnere mich auch daran, wie zuvorkommend Frère Roger war, sein Auftreten, seine persönliche Verbundenheit mit jeder und jedem. Ich erinnere mich vor allem daran, dass ich dort ein Gefühl von Liebe im Herzen hatte, das Gefühl einer unendlichen Liebe."

Handelt es sich um jenen Frieden im Herzen, von dem an diesem Ort der Versöhnung so oft die Rede ist? Um ein Gefühl, das der Betonung der „Güte" zu entsprechen scheint, die Paul Ricœur als ein Element des Glücks sieht: „Wenn die Religion, die Religionen einen Sinn haben, dann den, den Bodensatz an Güte der Menschen freizulegen, ihn dort zu suchen, wo er nahezu vollständig versickert ist." Die Güte ist für den Philosophen die Antwort auf das Böse und Absurde. „Wir sind aus einer Kultur hervorgegangen, die Gott tatsächlich getötet hat, das heißt, das Absurde und den Unsinn über den Sinn gestellt hat. Und dies reizt zu einem tiefgreifenden Einspruch." Taizé sieht er als einen Weg, der „vom Einspruch zum Zeugnis führt" und sich dabei der Sprache der Liturgie bedient.

Diesen Weg ist auch die junge Ungarin Orsi gegangen, als sie am Europäischen Jugendtreffen 1989 in Breslau teilnahm und 1991 nach Taizé fuhr: „Zunächst war es einfach eine Gelegenheit zu reisen", sagt sie. „Ich stamme nicht aus einer gläubigen Familie; meine Eltern waren Mitglieder der Kommunistischen Partei, weil es in ihrer Stellung nicht anders ging. Immer wieder traf ich auf Christen, die mich prägten. Ich wollte so sein wie sie. Mit 16 Jahren ist das nur ein Gefühl. Aber durch jene Zeugen des Evangeliums bin ich gläubig geworden." Heute lebt die Erzieherin zusammen mit ihrem Mann, einem Dozenten, und ihren drei Kindern in Taizé.

Und zu Pfingsten Mitterrand

François Mitterrand kam schon seit vielen Jahren nach Taizé, lange bevor er zum französischen Staatspräsidenten gewählt wurde. Unauffällig nahm er hinten in der Kirche der Versöhnung am Gebet der Communauté teil. Die Brüder erfuhren es, als ihn einige junge Franzosen erkannten. Sie achteten die Zurückhaltung des außergewöhnlichen Besuchers. Der Vorsitzende der Sozialistischen Partei kam über Cluny; dort hatte seine Frau das Häuschen geerbt, in dem sie einen Teil ihrer Jugend verbracht hatte.

Nach seiner Wahl im Mai 1981 wollte der neue Staatspräsident diese Tradition weiterführen. Sein Pfingstprogramm änderte sich im Wesentlichen nie: Sonntags bestieg er den prähistorischen Felsen von Solutré, am nächsten Tag unternahm er eine Wanderung. Am Pfingstmontag traf François Mitterrand zur Mittagszeit mit einer kleinen Eskorte bei der Kirche von Taizé ein. Alle waren gerade beim Mittagessen. Nur zwei junge Freiwillige zogen mit dem Staubsauger durch die lee-

re Kirche. Sie waren so verblüfft, den neuen Staatschef vor sich zu haben, dass sie einfach weitersaugten. Nach einem Augenblick der Stille verließ der Besucher die Kirche wie er gekommen war. Frère Roger war darüber nicht verständigt worden, hielt es diesmal aber für angebracht, dem Präsidenten kurz zu schreiben und ihm zu sagen, dass er ihn gerne zu Gast gehabt hätte.

Zunächst blieb der Brief ohne Antwort. Im folgenden Jahr kam jedoch am Pfingstmontagnachmittag ein Telefonanruf aus Cluny: „Der Präsident beabsichtigt nach Taizé zu kommen und würde gerne Frère Roger aufsuchen, wenn dies möglich ist." Als François Mitterrand das Haus der Brüder betrat, meinte er: „Fast 40 Jahre bin

Der französische Staatspräsident François Mitterrand bei seinem Besuch 1983 in Taizé ich vor diesem Haus auf und ab gegangen, und heute betrete ich es."

Seitdem kam er an fast jedem Pfingstmontag nach Taizé, unterhielt sich mit Frère Roger in dessen Zimmer und fand nach dem Gespräch oft auch noch Zeit für einen Besuch in der Kirche zusammen mit den Brüdern. Dort bat er darum, den einen oder anderen liturgischen Gesang anzustimmen. Einmal war die Kirche zum gemeinsamen Gebet bis auf den letzten Platz gefüllt. Der Prior fragte ihn, ob es ihm etwas ausmache, in der Kirche von so vielen Menschen gesehen zu werden. Der Präsident verneinte dies und fügte hinzu, dass er am Gebet teilnehmen wolle.

Über den Inhalt seiner Gespräche mit Frère Roger verlautete nie etwas. Als er einmal nicht kommen konnte, schrieb François Mitterrand Frère Roger: „Ich bedaure es, dass ich Sie in diesem Jahr zu Pfingsten nicht aufsuchen konnte, ich hatte nicht die nötige physische Kraft dazu. Es wird sich wieder eine Gelegenheit finden, Sie zu besuchen und Sie meiner treuen Verbundenheit zu versichern." Es heißt, dass er in den letzten Tagen vor seinem Tod im Januar 1996 darum gebeten habe, jemand möge ihm Gesänge aus Taizé vorsingen.

Was suchte François Mitterrand in Taizé? Ästhetische Erbauung? Verdrängtes aus der Kindheit? Frieden im Herzen? Sicher ein wenig von all dem. „Wenn es gilt, in der Gegenwart Gottes zu verweilen, denke ich immer an Taizé", sagte er zu Marie de Hennezel, die ihm am Ende seines Lebens nahe stand. Und über Frère Roger fügte er hinzu: „Ich schätze ihn sehr, er tut mir gut."

Kurz nach dem Tod des Gründers der Gemeinschaft im August 2005 schrieb Danielle Mitterrand in einem Brief an Frère Alois: „Dieser Tag ist für mich ein Tag der Trauer; mit François teilte ich die Freundschaft, in der er Frère Roger verbunden war. (…) Nun, bei seinem Heimgang, denke ich an ihn. Und wenn mir auch die Worte des Gebets seiner Getreuen nicht geläufig sind – meine Traurigkeit ist Zeichen meiner Anhänglichkeit und meine Bewunderung für das Werk, das er geschaffen hat."

In Taizé nimmt man die Leute wie sie sind. Niemand muss sich ausweisen. „Man ist willkommen, ob man gläubig ist oder nicht", meinte Juliette Binoche in ihrem Interview. Dies gilt für alle Generationen. In einer Welt, in der es nicht an Zeichen fehlt, aber die Stille und das Heilige nicht mehr zur Kultur zu gehören scheinen, hat Taizé eine Pädagogik der Innerlichkeit erschlossen, die allen zugänglich ist.

15
Gestaltete Einheit

Müsste ich den Brüdern von Taizé in der großen Familie der Menschen, die seit den ersten Jahrhunderten der Kirche in Gemeinschaften zusammenleben, einen Ort zuweisen – ich würde sagen, dass sie in einer langen Kontinuität stehen und zugleich etwas ganz Neues bilden", schreibt Olivier Clément in seinem Buch über Taizé.

Kontinuität

Es ist nicht leicht, das brennende Verlangen Frère Rogers nach der Verwirklichung der Einheit des Leibes Christi in Worte zu fassen. Die Sehnsucht danach erfüllte ihn ganz und gar; er betete unaufhörlich um diese Einheit. Bis zu seinem Tod hat er keine Mühe gescheut, um sie voranzubringen. Ein englischer Journalist schrieb am 18. August 2005 in der Tageszeitung „The Independent": „Es ist nicht übertrieben zu sagen, dass Frère Roger der größte Anwalt der Versöhnung zwischen den christlichen Kirchen seit den schmerzlichen Spaltungen der Reformationszeit ist."

Frère Roger blieb dem Erbe seiner eigenen Überlieferung treu, eignete sich aber auch den Reichtum aller anderen an. Sein Einsatz erinnert an die Anfangszeit der Kirche, in der es ebenfalls Auseinandersetzungen gab, aber stets Glaubende von Format sich erhoben und an die Eintracht unter den Christen appellierten.

Im ersten Korintherbrief schreibt Paulus gleich zu Beginn: „Ich ermahne euch, Brüder, im Namen Jesu Christi, unseres Herrn: Seid alle einmütig und duldet keine Spaltungen unter euch; seid ganz eines Sinnes und in einer Meinung." Diese Aufforderung findet sich auch in einem anderen Brief an die Korinther, den Klemens von Rom, dritter Nachfolger des Petrus, zwischen 96 und 98 nach Christus verfasste: „Warum gibt es unter euch Auseinandersetzungen, Zorn, Spaltungen? Haben wir nicht einen einzigen Gott, einen einzigen Christus, einen einzigen Geist der Gnade, der über uns ausgegossen ist, und eine einzige Berufung in Christus? Warum sollte man die Glieder Christi auseinanderreißen?"

Angesichts solcher „Quellen des Glaubens" wie er sie selbst nannte, erkannte Frère Roger, was er auch an sich selbst spürte: Dass die Spaltung der Christen letztlich den Einzelnen zerreißt. Er begriff schnell, dass sich die Einheit nicht nur um theologische Formulierungen, um intellektuelle Kriterien herum bilden kann, so wichtig diese sein mögen. Sie muss seines Erachtens im Leben umgesetzt werden, weil der trinitarische Glaube der Taufe, der allen Christen gemein ist, diese bereits in die Sphäre der Einheit führt. Mit dieser Überzeugung schlägt Frère Roger eine Brücke zu Kirchenvätern wie Kyrill von Alexandrien (370–474): „Wir alle sind ein Wesen im Vater, im Sohn und im Heiligen Geist. Ein einziges Wesen, sage ich, in ein- und demselben Zustand, ein einziges Wesen, das mit seiner Frömmigkeit wächst, durch unsere Gemeinschaft am geheiligten Fleisch Christi, durch unsere Gemeinschaft im einen Heiligen Geist."

Olivier Clément schreibt also völlig zu Recht, dass die ökumenische Berufung der Communauté de Taizé sich in Kontinuität mit der ersten Zeit der Kirche befindet.

Paradoxerweise, oder eher notwendigerweise, hat diese Kontinuität mit der noch ungeteilten Kirche zu jenem kühnen Neubeginn geführt, den wir in diesem Buch zu beschreiben versuchten. Ein junger, zum Pfarrer ordinierter Protestant formt ein monastisch geprägtes Leben für eine neuartige Zeit. Diese Erneuerung geht zwar zum Teil auf die evangelische Erweckung des 19. Jahrhunderts und auf die Erfahrungen der Weltkriege zurück. Sie entstand aber wesentlich im allmählichen Reifen und in der beherzten Tat eines mit Intuition begabten Mannes, der gegen den Strom schwamm. Er war davon überzeugt, dass gemeinschaftliches Leben in der reformierten Kirche seinen Platz haben müsse, und brachte genügend Zuversicht und Überzeugungskraft auf, dass er sechs weitere junge Männer mit auf den Weg nehmen konnte, die sich schließlich an Ostern 1949 für das ganze Leben verbanden. Und dass die römisch-katholische Kirche es genehmigte, dass sich junge Katholiken voll ihrer Gemeinschaft anschließen konnten.

Wenn euer Glaube nur so groß ist wie ein Senfkorn… Frère Roger hatte einen solchen Glauben und wiederholte unermüdlich „Lebe das Wenige, das du vom Evangelium begriffen hast, hab Vertrauen" – wie Johannes Paul II. immer wieder sein „Habt keine Angst!" Eines Tages, und so kam es, ist der Baum so groß, dass alle Vögel in seinen Zweigen nisten können. Auch ein Agnostiker könnte vor diesem Hintergrund verstehen, dass der Glaube Berge versetzen kann.

Wie viele Kämpfe galt es zu führen, wie viel Abwehr, wie viele Fehlschläge geduldig hinzunehmen, welchen Mut und welche Ausdauer galt es aufzubringen, damit dieses Werk nicht nur beginnen, sondern auf die ganze Welt ausstrahlen konnte! „Stammt das Werk von Gott", meint Rabbi Gamaliel in der Apostelgeschichte, hat es Chancen zu gelingen. Ob es gelingt, steht allerdings im Voraus nicht fest.

Gemeinschaft, Geheimnis der Kirche

Nirgendwo sonst wird wohl das Geheimnis der Kirche und die Einheit der Menschheit in einer Dichte gelebt, wie sie gleich zu Beginn der Konstitution über die Kirche „Lumen gentium" des Zweiten Vatikanischen Konzils beschrieben wird: „Die Kirche ist in Christus gleichsam das Sakrament, das heißt Zeichen und Werkzeug für die innigste Vereinigung mit Gott wie für die Einheit der ganzen Menschheit." Im 13. Abschnitt heißt es, dass die Einheit bei der großen Vielfalt der Mitglieder des einzigen Volkes Gottes in der Gemeinschaft mit dem Heiligen Geist hergestellt wird. Dort wird der Kirchenvater Johannes Chrysostomos (344–407) mit den Worten zitiert: „Wer in Rom wohnt, weiß, dass die Inder zu seinen Gliedern gehören."

Für Frère Roger sind Kirche und Gemeinschaft gleichbedeutend, wie er in seinem Buch „Einer Liebe Staunen" schreibt: „Warum diese ständige Sorge um die einzigartige Gemeinschaft mit dem Namen Kirche?

Weil es ohne Christen, die als ein Volk zusammenleben, keine Kontinuität Christi in der Geschichte der Menschheit gibt. Christus losgelöst von seinem Leib lieben führt dazu, sich in der eigenen Innerlichkeit zu vergraben. Christus lieben, die Gemeinschaft in seinem Leib lieben, die Kirche, eröffnet unbegrenzte Räume."

Der Gründer der Communauté de Taizé hat ein Gefühl dafür, welche Verantwortung jeder Seite zukommt, solange die Trennung anhält. Am 17. Dezember 1975 schreibt er – wie im selben Buch zu lesen ist – beispielsweise an Papst Paul VI.: „Als universaler Hirte haben Sie schon vor Jahren um Verzeihung gebeten für jede etwaige Schuld, die Ihnen bei der Verursachung der Trennung unter den Getauften angelastet werden könnte. Wir in Taizé tragen uns mit einer besonderen Absicht, zusammen mit vielen anderen: den universalen Hirten, den Bischof von Rom, um Verzeihung zu bitten für die alten und neuen Spaltungen unter den Christen, sowie für die Langsamkeit, mit der die Suche nach Versöhnung vorangeht."

Noch wichtiger ist ihm jedoch eine positive Sicht der Zukunft. Die Versöhnung kann niemals um den Preis der Ableugnung des Herkunftsglaubens geschehen. Im Gegenteil: Sie ist der Reichtum, der sich einstellt, wenn man die Gaben wahrnimmt, die in den anderen liegen. Diese Fäden gilt es zu verknüpfen oder wieder zu verknüpfen, damit das Gewand Christi, das immer noch zerrissen ist, neu gewoben werden kann.

Welchen Beitrag kann Taizé letztlich dazu leisten? Er kommt einerseits aus den reformatorischen Kirchen, von deren besonderer Aufmerksamkeit auf das Wort Gottes. Dieses wird dort nicht nur verkündet, sondern man geht ihm vielmehr auf den Grund und liebt es leidenschaftlich. Die Bibeleinführungen in mehreren Sprachen vor den zahlreichen Besuchern der Jugendtreffen sind von erstaunlicher Dichte und dennoch allgemein verständlich.

Der von der katholischen und orthodoxen Kirche ererbte Beitrag besteht in der Treue zur Eucharistie als der unerschöpflichen Quelle von Einheit und Gemeinschaft. Diese Treue kommt in Taizé ebenfalls voll zur Geltung. „Die Eucharistie ist für alle da, die nach Christus hungern", merkt Frère Roger in seinem Buch an.

Gemeinschaft im Alltag

Wer auf dem Hügel kommt, nimmt sofort eine bunte Menge tausender Jugendlicher aus allen Kulturen wahr. Wir haben gesehen, mit welcher Freude sie dort sind, ganz einfach, wie zuhause. Wir sahen auch, wie sich diese Freude während der langen Zeiten der Stille und des Gebets in inneren Frieden und dann in Lobpreis verwandelt.

Gemeinschaft im Alltag kann es aber nicht ohne gelebte Solidarität mit dem Menschen geben, der Opfer des Menschen ist, wie Frère Roger einmal formuliert hat. Dies führt zu einem anderen bedeutenden Text des Zweiten Vatikanischen Konzils, „Die Kirche in der Welt von heute", zur Konstitution „Gaudium et spes". Ihr Eingangssatz musste den Gründer von Taizé tief bewegen: „Freude und Hoffnung, Trauer und Angst der Menschen von heute, besonders der Armen und Bedrängten aller Art, sind auch Freude und Hoffnung, Trauer und Angst der Jünger Christi. Und es gibt nichts wahrhaft Menschliches, das nicht in ihren Herzen seinen Widerhall fände."

In diesem Buch wurden die konkreten Zeichen zwischenmenschlicher Solidarität dargestellt, welche die Communauté seit ihren Anfängen gesetzt hat. Mit der Aufnahme von Menschen in Not oder der Entsendung von Fraternitäten unter arme Menschen in fernen Ländern wollte Frère Roger – als einen Sinn, den er im Leben sah – die Wunden der Menschheit verbinden. Die Suche nach der Einheit der Kirche kann nicht außerhalb einer so engen Nähe zu den Leidenden, gleich welcher Religion, gelingen. Frère Roger hatte stets einen aufmerksamen Blick für die Not Jugendlicher auf der Suche nach dem Sinn des Lebens, insbesondere in der westlichen Welt. In dieser Spur geht sein Nachfolger, gehen die Brüder weiter.

Pilgerweg des Vertrauens auf der Erde

Die Solidarität und Gemeinschaft mit der „ganzen Menschheit" hat derzeit die Gestalt eines „Pilgerwegs des Vertrauens auf der Erde". Wenn man die Ausgaben des „Briefes aus Taizé" aus den achtziger Jahren durchblättert, stellt man fest, dass mit dem Wort „Pilgerweg" der Aufbruch jedes Einzelnen gemeint ist. Er ist außerdem nicht nur ein Ereignis für Jugendliche; alle können daran teilnehmen. Jeder kann aus seinem Leben einen inneren Pilgerweg zu Gott machen – und einen Weg hin zu den anderen: von einem Menschen zum anderen, von einer Familie zur anderen, einer Gruppe zur anderen, einer Kirchengemeinde zu anderen, einer Stadt zur anderen. Die Europäischen Jugendtreffen oder die Jugendtreffen auf den anderen Erdteilen werden zu den großen Etappen dieses Weges. Der Pilgerweg wird zu einer Art Kette, welche die vielen verschiedenen Treffen und Aspekte der Jugendpastoral von Taizé verbindet.

Symbol hierfür ist seit 1982 die Kreuzikone von Taizé. Auf den Vorschlag junger Osteuropäer hin, die innerhalb ihrer Grenzen eingeschlossen waren, sind seit dieser Zeit zahlreiche Nachbildungen von Land zu Land unterwegs. Das Kreuz pilgert und fährt in seinem Kielwasser zu vielen gemeinsamen Gebeten und Gesprächen.

Zehn Jahre später hat Frère Roger im „Brief von den Philippinen" den Sinn dieses „Pilgerwegs" so zusammengefasst: „Der seit Jahren von Taizé ausgehende ‚Pilgerweg des Vertrauens auf der Erde' organisiert die Jugendlichen nicht zu einer festen Bewegung, sondern ermutigt sie, in der eigenen Stadt, im Dorf, in der Kirchengemeinde, mit allen Generationen von den Kindern bis zu den alten Leuten, Frieden zu stiften und Vertrauen zu schaffen. Jeder kann sein Leben als eine Art Pilgerweg des Vertrauens gestalten, durch Gebet (…) im Bemühen, sich in Menschen anderer Herkunft und Überzeugung einzufühlen (…) durch Zeichen der

Versöhnung im eigenen Lebensbereich (...) durch die Weitergabe froh machender menschlicher Hoffnung." In diesem Sinn kann man Taizé als eine Gestalt der Einheit für die Welt begreifen.

Ein Ort der Kirche, den die Jugend liebt

Taizé ist ein Ort, den Jugendliche aus der ganzen Welt lieben. Er lässt sich aber noch anders charakterisieren. Taizé ist zunächst ein „Ort der Kirche" – ein Begriff, der nicht zuletzt in der ökumenischen Debatte über die Kirche und die Ämterfrage, insbesondere zwischen katholischen und evangelischen Christen heute, eine gewisse Rolle spielt. Die Berufung zum Einsatz für die Jugendlichen tritt in Taizé sicher am stärksten, am deutlichsten hervor und ist auch das Wesentliche. Aber Frère Roger hat mehr als eine ökumenische Communauté in die Wege geleitet. Er hat nicht nur eine Brücke in die Vergangenheit, sondern auch in die Zukunft geschlagen, indem er einem Ort der Kirche Gestalt gab, an dem Streitigkeiten über die Zugehörigkeit sinnlos wurden oder zumindest einen völlig anderen Sinn erhielten. In den Debatten über Sinn und Zweck der Kirche steht Taizé als ein Ort da, an dem man aus den Schätzen der Vergangenheit Neues zutage gefördert hat.

Hier wird die Kirche als ein lebendiger Leib begriffen, der die Dimensionen der Welt annimmt und die ganze Menschheit einschließt, nach den Leitlinien der beiden

großen Konstitutionen des Zweiten Vatikanischen Konzils. Diese breite Sicht erläuterte Kardinal Józef Glemp in seinem Grußwort an die Jugendlichen beim Europäischen Treffen in Warschau am 29. Dezember 1999: „Frère Roger ist nicht nur einer Ökumene verbunden, die darin besteht, dass sich die gespaltenen christlichen Konfessionen annähern. Frère Roger geht tiefer: Er möchte die Fülle Gottes zeigen, mit der die Fülle des Menschen einhergeht. Denn zuerst ist es der Mensch, der gebrochen ist. Heute besteht das Grundproblem nicht nur in der Spaltung unter den Christen. Heute ist es der Mensch, der gebrochen ist. Wer zu wahrer Ökumene finden will, hat zuallererst den Menschen zu einen, ihn innerlich zusammenzufügen. Das habe ich entdeckt, als ich nach Taizé gefahren bin."

Jugendliche bei der Ankunft in Taizé

Die Communauté ruft dazu auf, aus dem Reichtum aller Traditionen zu leben, ohne eine von ihnen zu verneinen. Dieser Auftrag führt in eine Zeit zurück, in der es das Wort „Konfession" noch nicht gab, sondern lediglich die Suche nach der christlichen Wahrheit, wie sie die Schrift offenbart. Glaubensabweichungen wurden auch damals bekämpft, jedoch stets mit dem Ziel, die Einheit und den inneren Zusammenhang des Glaubens an den dreieinigen Gott wiederzufinden. Olivier Clément sah das, als er schrieb: „Durch ihr gemeinsames Leben lassen sie [die Brüder von Taizé] die ungeteilte Kirche hervortreten, die nicht nur Erinnerung an die ersten Jahrhunderte, sondern hier und heute Gegenwart ist. Sie gilt es (...) in der Gemeinschaft der Heiligen neu wahrzunehmen; die Heiligen halten sich nämlich nicht mit

Frère Alois, Prior der Communauté und Nachfolger von Frère Roger, beim Abendgebet in der Kirche den verschiedenen christlichen Konfessionen auf." In diesem Sinn kann man Taizé als Ort einer prophetischen Kirche bezeichnen.

„Ausweiten"

Frère Alois berichtet eindrucksvoll über den Nachmittag, der dem Tod des Gründers vorausging: „Er rief einen Bruder, um ihm einen Satz zu diktieren, den er vor Müdigkeit nicht selbst aufschreiben konnte. Besagter Bruder erinnerte sich nachher vor allem an das Wort ‚ausweiten'. Was verstand Frère Roger darunter?", fragt sich Frère Alois. „Wahrscheinlich wollte er sagen: Alles tun, damit jeder einzelne leichter die Liebe wahrnehmen kann, die Gott ausnahmslos jedem Menschen, allen Völkern entgegenbringt. Er wollte, dass unsere kleine Gemeinschaft durch ihr Leben dieses Geheimnis in schlichtem Engagement zusammen mit anderen Menschen ins Licht rückt. So möchten wir Brüder diese Herausforderung annehmen, zusammen mit allen, die überall auf der Erde den Frieden suchen." Auf diese Weise ging das Erbe Frère Rogers an seine Brüder über. In aller Freiheit.

Ausklang

Brückenbauer

Die Communauté de Taizé stellt sich der nicht ungetrübten Erinnerung an zwei Jahrtausende Christentum sowie einem über lange Zeit zerrissenen Europa und versucht, eine Art Bindeglied zwischen Nationen, Religionen, Kulturen und Generationen zu sein. Brücken zu schlagen heißt Frieden zu schaffen – aber auch das Wagnis einzugehen, beiden Ufern, beiden Lagern verdächtig zu werden.

Taizé, eine Brücke in der Geschichte: Ein Bildwort, das den Reichtum aber auch die Dürftigkeit dieses Symbols der Einheit bloßlegt. Wie alle Kriege gezeigt haben, das Bauwerk, welches die Armeen als erstes unter Beschuss nehmen. Sie ermöglicht Austausch und Mobilität. Wo eine solche Verbindung entsteht, verlaufen die Wege plötzlich anders, verändert sich die Landschaft, wandelt sich die Geographie tiefgreifend. Damit besteht die Gefahr, dass Wunden aus der Geschichte neu aufbrechen. Den Brüdern von Taizé wird dies durch ihre eigene Geschichte bewusst, die sich an der Geschichte der verschiedenen Traditionen reiben kann.

So ist es zum Beispiel erstaunlich, dass es keinen orthodoxen Bruder in der Communauté gibt, obwohl jeden Sommer mehrere tausend junge Slawen an den Jugendtreffen teilnehmen und die Beziehungen zu den Ostkirchen außerordentlich gut sind. „Dies liegt am leidvollen Erbe dieser lange Zeit hindurch isolierten Kirchen", meint Frère Luc. „Wir Menschen im Westen haben uns ihnen gegenüber manchmal ungeschickt benommen. Es liegt noch ein langer Weg vor uns, bis wir ihr Vertrauen erworben haben." Frère Alois fügt hinzu:

„Wir müssen vor allem den Schatz heben, den sie der westlichen Welt zu geben haben." Trotz der institutionellen Nähe zwischen den orthodoxen Kirchen und der römisch-katholischen Kirche bleibt der Graben zwischen den Christen im Osten und im Westen tief. Das Unverständnis zwischen den Familien der Christenheit wird nie vollkommen überwunden sein. Der Bau einer Brücke offenbart erst, wie weit und wie tief der zu überbrückende Graben ist.

Im Grunde hat die Communauté de Taizé eine Baustelle titanischen Ausmaßes angelegt. Die heiß ersehnte Einheit der Christen vollzieht sich nicht innerhalb weniger Jahre. Das weiß die Communauté auch, aber es ändert nichts an „ihrer" Priorität. Mit der sicheren Gelassenheit, die ihn auszeichnet, unterstreicht Frère Alois: „Wir spüren, dass die Zeit gekommen ist, in eine anspruchsvollere Ökumene einzutreten und dabei demütig zu bleiben, weil viele Fragen noch ungelöst sind. Es gilt, die Minderheiten zu beachten, die nicht Schritt halten können, die versucht sind, sich in Identitäten zu verhärten. Unterschätzen wir die Widerstände und Wunden nicht." Bei den Jugendlichen tritt die Einheit der Menschheitsfamilie freilich schon ganz ungezwungen zutage, über ethnische und konfessionelle Grenzen hinweg. Wie es der anglikanische Erzbischof George Carey sagte: „Taizé fordert auf originelle Weise die institutionalisierte Kirche heraus, indem sie uns mit unserer wahren Identität konfrontiert."

Die Brücke, die Taizé baut, bleibt zerbrechlich und unvollendet. Aber sie steht auf einem soliden Fundament:

auf den für alle Traditionen der Christenheit grundlegenden Texten. Sie wird mit dem unersetzlichen Bindemittel zwischenmenschlicher Begegnungen errichtet – in Taizé selbst, wo sozusagen ein „postökumenischer" Alltag herrscht, oder auch bei den Jugendtreffen in den institutionalisierteren Ortskirchen. Das Zweite Vatikanische Konzil ermöglichte viele Schritte und Begegnungen, die das Geschick der Communauté bestimmten und bestimmen. Heute, meint Pfarrer Leplay, „bringt Taizé eine neue Form des Christentums zur Geltung". Vielleicht wird sie eines Tages einem „ökumenischen" Konzil Orientierung geben, das noch seiner Einberufung harrt.

Chronologischer Überblick

1915: Roger Louis Schutz-Marsauche wird am 12. Mai im Dorf
       Provence (Westschweiz) geboren, als neuntes Kind von
       Charles Schutz und Amélie Marsauche.

1920: Er betritt in der Nähe von Neuenburg zum ersten Mal eine
       katholische Kirche.

1927: Die Familie zieht nach Oron um; Roger besucht die Höhere
       Schule von Moudon.

1931: Roger leidet mehrere Jahre unter Tuberkulose, mit einem
       lebensgefährlichen Rückfall. Er beschäftigt sich mit dem
       religiösen Leben von Port-Royal-des-Champs.

1936–1940: Theologiestudium in Lausanne und Straßburg.

1939: Roger wird in Lausanne zum Vorsitzenden der christlichen
       Studentenvereinigung gewählt, aus der eine Gruppe hervor-
       geht, die sich regelmäßig zu Austausch und Einkehr trifft.

1940: 20. August. Roger verlegt seinen Wohnsitz aus der neutralen
       Schweiz in das geteilte Frankreich, in das südburgundische
       Dorf Taizé.
       Kontakte mit katholischen und evangelischen Pfarrern in
       Lyon, Aufnahme von Flüchtlingen, insbesondere Juden.

1941: 4. Juli. Der ökumenisch eingestellte Abbé Paul Couturier
       kommt nach Taizé.
       Oktober. Die „Communauté der Cluny" wird ins Leben
       gerufen, ein erster knapper Entwurf, „Erläuternde Erklärun-
       gen", für eine Regel entsteht.

1942: Erste Begegnung mit der ökumenischen „Groupe des Dombes" und dem Jesuiten Henri de Lubac.
Aufenthalt in Genf nach der vollständigen Besetzung Frankreichs und Beginn des gemeinschaftlichen Lebens mit drei anderen Studenten

1943: 30. April. Roger stellt an der theologischen Fakultät des Kantons Waadt seine Abschlussarbeit vor: „Das Ideal des monastischen Lebens bis Benedikt und seine Übereinstimmung mit dem Evangelium".

1944: Das erste Buch, „Einführung in das gemeinschaftliche Leben", erscheint unter dem Autorennamen „Roger Schutz".
16. Juli. Ordination zum Pfarrer in Neuenburg.
Oktober. Rückkehr nach Taizé mit Max, Pierre und später Daniel.

1945: Sie kümmern sich um deutsche Kriegsgefangene und zwei Dutzend französische Kriegswaisen.

1948: Der Pariser Nuntius und spätere Papst Johannes XXIII. Angelo Roncalli genehmigt die Benützung der Dorfkirche.
Erste Zusammenarbeit mit Joseph Gelineau für die musikalische Gestaltung der Gottesdienste.
Roger leitet die reformierte Kirchengemeinde im Mâcon; Max und Daniel kümmern sich um evangelische Christen in der Gegend.
Erste Jugendliche sind zu Gast.

1949: Sieben Brüder legen am Ostersonntag in der Dorfkirche das „Lebensengagement" ab. Auf Vermittlung des Lyoner Kardinals Gerlier erste Privataudienz bei Papst Pius XII. und erste Begegnung mit Monsignore Montini, dem späteren Papst Paul VI.

1951: Erste Fraternität in Montceau-les-Mines, mit Frère Pierre und Frère Axel.

1952: Frère Roger verfasst „Die Regel von Taizé".

1953: Die Fraternität wird von Montceau-les-Mines nach
Marseille verlegt.
Weitere Fraternitäten zunächst in Hussein-Dey, Algerien,
und einige Jahre später auf anderen Erdteilen.

1958: Der Nationalrat der reformierten Kirche in Frankreich
weigert sich, weitere Brüder der Communauté zu Pfarrern
zu ordinieren.

1956: Die Brüder von Taizé beenden ihren Dienst in der reformierten Kirchengemeinde von Mâcon.

1958: Erste Privataudienz bei Papst Johannes XXIII.

1959: Frère Roger veröffentlicht sein Buch „Im Heute Gottes leben".

1960: In Taizé treffen sich ein Dutzend katholische Bischöfe und
an die 60 evangelische Pfarrer.

1961: Baubeginn der Kirche der Versöhnung mit der „Aktion
Sühnezeichen".
Der erste anglikanische Bruder tritt in die Communauté ein.

1962: 6. August. Einweihung der Kirche der Versöhnung.
11. Oktober. Eröffnung des Zweiten Vatikanischen Konzils;
Frère Roger und Frère Max sind unter den 100 nichtkatholischen Beobachtern.
Erster Besuch bei Patriarch Athenagoras in Istanbul,
erste Aufenthalte in osteuropäischen Ländern.
In Taizé wird die landwirtschaftliche Produktionsgenossenschaft Copex gegründet, in die die Communauté 14 ha
Land einbringt.

1963: 25. Februar. Letzte Begegnung Frère Rogers mit Johannes XXIII.
Ein Bruder wird Mitglied in der neu errichteten Abteilung
„Gemeinschaftliches Leben" des protestantischen Kirchen-
bunds Frankreichs.
Mai. Die „Operation Hoffnung" zugunsten landwirtschaft-
licher Genossenschaften in Südamerika beginnt.

1964: Rom erlaubt den Katholiken, das Stundengebetbuch von
Taizé zu verwenden.
Im Rahmen der Operation Hoffnung werden 1 Million
Ausgaben des Neuen Testaments auf Spanisch und 500.000
auf Portugiesisch in Südamerika verteilt.
In Taizé wird eine Fraternität von Franziskanern errichtet.

1965: Frère Roger veröffentlicht sein Buch „Die Dynamik des
Vorläufigen".
Orthodoxe Mönche lassen sich mit Erlaubnis des Patriar-
chen Athenagoras in Taizé nieder.

1966: Erstes internationales Jugendtreffen in Taizé, erste freiwilli-
ge Helfer auf Zeit.
Die Schwestern von Saint-André beginnen ihre Mitarbeit.
Gründung einer Fraternität mit sechs Franziskanern im
Farbigen-Getto von Chicago.

1967: Januar. Abendgebet in der Pariser Innenstadtkirche Saint-
Germain-des-Prés;
Brüder halten sich im Quartier Latin auf und versuchen,
die Unruhe der Jugendlichen zu verstehen.
Beginn einer Fraternität im brasilianischen Olinda, mit
Frère Michel, Frère Bruno und einigen Benediktinern.

1968: Frère Roger schreibt sein Buch „Die Gewalt der Friedfertigen".
Papst Paul VI. lädt Frère Roger ein, ihn auf seiner Reise
nach Bogota zu begleiten.

1969: Als erster katholischer Bruder tritt der Belgier Frère Ghislain in die Communauté ein, die zu diesem Zeitpunkt 50
Mitglieder hat.

1970: An Ostern wird das „Konzil der Jugend" angekündigt.

1972: Zum ersten Mal empfangen Frère Roger und andere Brüder
aus reformatorischen Kirchen aus den Händen des Bischofs
von Autun die Kommunion.

1974: April. Frère Roger erhält in London den Templeton-Preis für
Verdienste um Weiterentwicklungen auf religiösem Gebiet.
29./30. April. Brüder werden durch die Glaubenskongregati-
on in Rom einbestellt.
30. August. Eröffnung des „Konzils der Jugend" in Taizé.
Oktober. Frère Roger erhält in der Frankfurter Paulskirche
den Friedenspreis des Deutschen Buchhandels.
In Bangladesch, in einem Armenviertel von Chittagong,
wird eine Fraternität errichtet.
Frère Alois wird Mitglied der Communauté.

1975: Frère Roger reist nach dem Staatsstreich General Pinochets
nach Chile.
Die Communauté de Taizé wird nicht mehr im Jahrbuch des
protestantischen Kirchenbunds Frankreichs genannt.
17. August. In Taizé wird ein „Tag des Volkes Gottes" durchgeführt, mit den Vorsitzenden der deutschen (Julius Kardinal Döpfner) und französischen Bischofskonferenz sowie
dem Generalsekretär des ökumenischen Weltkirchenrats.

1976: Besuch Mutter Teresas in Taizé, Frère Roger lebt mit einem
internationalen Team Jugendlicher in einem Elendsviertel
von Kalkutta und schreibt mit ihnen den „Zweiten Brief an
das Volk Gottes".

1977: Dezember. Aufenthalt in einem Armenviertel am chinesi-
·schen Meer.
Jugendtreffen in der südholländischen Stadt Breda.

1978: Erste Reise nach Russland. Am Jahresende finden nun
regelmäßig von Taizé aus vorbereitete Europäische Jugendtreffen in einer Metropole statt.
Die brasilianische Fraternität lässt sich in Alagoinhas im
Staat Bahia nieder.

1979: Das Konzil der Jugend wird durch einen Pilgerweg ersetzt, der
seit 1985 „Pilgerweg des Vertrauens auf der Erde" genannt wird.
Eine Fraternität beginnt ihr Wirken in Südkorea.

1980: Mai. Frère Roger kann durch den Einsatz von Landesbischof Johannes Hempels Dresden, Leipzig, Erfurt und im Jahr darauf Schwerin besuchen.
Juni. Teilnahme an der 450-Jahr-Feier der Confessio Augustana in Augsburg.
Erstes Europäisches Jugendtreffen in Rom unter großer Beteiligung junger Osteuropäer.

1981: Frère Roger besucht die Tschechoslowakei.

1982: 26. September. Heikle Unterredung beim protestantischen Kirchenbund Frankreichs.

1983: Frère Roger besucht Budapest.

1984: Er nimmt an einem Abendgebet im Magdeburger Dom teil. Europäisches Jugendtreffen in Köln.

1985: 2. Juli. Frère Roger besucht mit Kindern aus verschiedenen Erdteilen UN-Generalsekretär Xavier Pérez de Cuellar und übergibt Vorschläge Jugendlicher, wie die UNO Vertrauen zwischen den Völkern bilden kann.
Erstes Internationales Jugendtreffen in Asien, in der südindischen Stadt Madras.

1986: 5. Oktober. Johannes Paul II. besucht Taizé Jugendtreffen mit Frère Roger in Ostberlin.

1987: 3. Mai. Frère Max wird in Neapel zum Priester geweiht.

1988: September. Frère Roger erhält in Paris den UNESCO-Preis für Friedenserziehung.

1989: Mit Hilfe der Operation Hoffnung werden 1 Million Ausgaben des Neuen Testaments der Russisch-orthodoxen Kirche übergeben.
Mai. Erstes Ost-West-Treffen in der südungarischen Stadt Pécs, mit über tausend ostdeutschen Jugendlichen.
Frère Roger erhält den Internationalen Karlspreis der Stadt Aachen.

Erstes Europäisches Jugendtreffen auf dem Gebiet des ehemaligen Ostblocks, in Breslau.

1990: Brüder gestalten Wortgottesdienste während der Versammlung der Asiatischen Bischofskonferenz in der indonesischen Stadt Bandung.

1992: August. Der Erzbischof von Canterbury George Carey verbringt mit tausend jungen Anglikanern eine Woche in Taizé. Frère Roger erhält in Straßburg den Robert-Schuman-Preis für seinen Beitrag zum Aufbau Europas.
Die afrikanische Fraternität zieht von Kenia in den Senegal um, in die Hauptstadt Dakar.
Europäisches Jugendtreffen in Wien.

1994: Die 14 evangelisch-lutherischen Bischöfe Schwedens besuchen gemeinsam Taizé.

1995: Frère Roger nimmt an einen von Taizé aus vorbereiteten internationalen Treffen afrikanischer Jugendlicher in Johannesburg teil.

1996: Europäisches Jugendtreffen in Stuttgart.

1997: Zweites Europäisches Jugendtreffen in Wien.

1998: Frère Roger stellt beim Bruderrat Frère Alois als seinen Nachfolger vor.

2003: Europäisches Jugendtreffen in Hamburg.

2005: 8. April. Frère Roger nimmt an der Beerdigung Johannes Pauls II. teil.
Juli: Frère Roger veröffentlicht sein Buch „Eine Ahnung von Glück".
16. August. Der Gründer der Communauté de Taizé wird beim Abendgebet in der Kirche der Versöhnung getötet.
Frère Alois übernimmt den Dienst des Priors.

2006: Frère Alois sucht Papst Benedikt XVI., Patriarch Bartholomäus von Konstantinopel und Patriarch Alexej von Moskau

auf und nimmt an der Vollversammlung des ökumenischen Weltkirchenrats in Brasilien teil
Erstes einer neuen Folge von jährlichen internationalen Jugendtreffen auf anderen Erdteilen in Kalkutta.

2007: Oktober. Internationales Jugendtreffen in der bolivianischen Stadt Cochabamba.

2008: November. Internationales Jugendtreffen in Nairobi, Kenia.

2009: Die Communauté erhält den Ökumenischen Preis der Katholischen Akademie in Bayern.

2010: Februar. Internationales Jugendtreffen in Manila, auf den Philippinen.

Detailliertes Inhaltsverzeichnis

Widersprüchlichkeiten bei den Katholiken
Eine Vorladung beim Heiligen Offizium

Die Autoren

Jean-Claude Escaffit ist Journalist der französischen katholischen Wochenzeitschrift „La Vie". Er begleitet das Leben der Communauté de Taizé seit 35 Jahren und berichtete darüber unter anderem in Fernsehbeiträgen und der katholischen Tageszeitung „La Croix".

Moïz Rasiwala ist indischer Herkunft und Astrophysiker. Er arbeitete in den sechziger Jahren in Taizé bei der Vorbereitung des „Konzils der Jugend" mit und ist heute Ständiger Diakon in einer südfranzösischen Diözese.

Edition Taizé bei Herder

Frère Roger, Taizé
Die Quellen von Taizé
Gott will, dass wir Glücklich sind
10,5 x 15,0 cm, 128 Seiten, gebunden
ISBN 978-3-451-31049-2

Wie in einem persönlichen Brief macht
der Gründer der Gemeinschaft von
Taizé deutlich, welches Glück in der
Schönheit des Glaubens, in der Kraft
des Gebets und in der Erfahrung von
Gemeinschaft liegt. Diese Gedanken bilden die Grundlage für das
Leben der Gemeinschaft von Taizé. Zugleich sind es Gedanken,
die jeden Menschen bewegen.

Frère Roger, Taize
In allem ein innerer Friede
Ein Jahresbegleitbuch
10,5 x 15,0 cm, 240 Seiten, gebunden
ISBN 978-3-451-32238-9

Frère Rogers kurze, gehaltvolle Medi-
tationen und Gebete für jeden Tag des
Jahres geben Zeugnis vom Geschenk
des inneren Friedens bei allem, was
das Leben mit sich bringt – ein Friede
des Herzens, der Fremde zu Freunden macht und über Grenzen
hinweg Menschen miteinander verbindet.

In jeder Buchhandlung!

HERDER